名师工程 教师成长系列

深度学习的学科范式与教学策略
——基于高中物化生历地的课改实践

尹厚霖 ◎ 主编

西南大学出版社
国家一级出版社 全国百佳图书出版单位

图书在版编目(CIP)数据

深度学习的学科范式与教学策略：基于高中物化生历地的课改实践 / 尹厚霖主编. -- 重庆：西南大学出版社, 2025.4. -- ISBN 978-7-5697-2878-1

Ⅰ.G632.421

中国国家版本馆CIP数据核字第2025KP3994号

深度学习的学科范式与教学策略——基于高中物化生历地的课改实践
SHENDU XUEXI DE XUEKE FANSHI YU JIAOXUE CELÜE——JIYU GAOZHONG WU HUA SHENG LI DI DE KEGAI SHIJIAN

主编：尹厚霖　副主编：苟学珍　罗宏碧　王晓斌

责任编辑：尹清强
责任校对：李　勇
装帧设计：闻江文化
排　　版：张　祥
出版发行：西南大学出版社（原西南师范大学出版社）
　　　　　重庆·北碚　邮编：400715
印　　刷：重庆市涪陵区夏氏印务有限公司
幅面尺寸：170 mm×240 mm
印　　张：20
字　　数：300千字
版　　次：2025年4月第1版
印　　次：2025年4月第1次印刷
书　　号：ISBN 978-7-5697-2878-1
定　　价：88.00元

编委会

主编
尹厚霖

副主编
苟学珍　罗宏碧　王晓斌

编委
白亚娟　代　丽　苟学珍　郭　萍　黄　江
霍淑蓉　雷　庆　李才猛　李　钢　刘海明
罗宏碧　罗静静　蒲建琼　王晓斌　王　颖
王　正　鄢华寿　张明敏　张　平　张义钦
朱慧贞

前言
PREFACE

党的二十届三中全会通过的《中共中央关于进一步全面深化改革、推进中国式现代化的决定》中指出:深化教育综合改革。加快建设高质量教育体系,统筹推进育人方式、办学模式、管理体制、保障机制改革。完善立德树人机制,推进大中小学思政课一体化改革创新,健全德智体美劳全面培养体系,提升教师教书育人能力,健全师德师风建设长效机制,深化教育评价改革。这既是新时代加快教育现代化、办好人民满意的教育的指导纲领,也是发展具有中国特色、世界水平的现代教育的战略部署。同时,也充分说明重庆第二外国语学校这几年所坚持实施的课堂教学改革找准了方向,探出了路子。

我们的教育必须体现国家意志和主流核心价值观,必须深入思考和回答好培养什么人、如何培养人、为谁培养人的核心关键问题。教育改革必须顺应新时代人才选拔和培养的要求和指向。所以《中国高考评价体系》和《中国高考评价体系说明》中明确了高考由单纯的考试评价向立德树人重要载体和素质教育关键环节的转变。实现高考由传统的"知识立意""能力立意"评价向"价值引领、素养导向、能力为重、知识为基"综合评价的转变和主要基于"考查内容"的一维评价模式向"考查内容、考查要求、考查载体"三位一体评价模式的转变。

"十四五"时期(2021—2025年)是我校深化教育教学改革、提升办学品质、向百年名校迈进的重要历史阶段。为认真贯彻落实党的二十大精神,根据《重庆市南岸区教育事业发展"十四五"规划》,按照《中国教育现代化2035》《重庆教育现代化2035》《中华人民共和国民办教育促进法实施条例》及实施方案的有关要求,结合学校发展实际,学校自2019年引进了西南大学胡航博士(团队)进行基于"主题—联结"的深度学习课堂改革:1.0时期课改小分队主要学习深度学习相关理念和基本操作范式,进行初步实践;2.0时期专家进课堂指导,骨干教师示范和部分教师参与;3.0时期学科专家精准指导,提炼出各学科的基本操作范式,全学科全面参与。历时3年的探索和实践,全体重庆第二外国语学校(简称二外)教师秉承"庄敬自强 挺拔坚韧"的雪松精神,以教师的专业成长促进学生的学业质量提升,践行好我校"以爱育爱 人人成长"的办学理念,实现"走进二外,走向世界"的高质量育人愿景。

目录

绪　论 　**学校课改的背景、经验与展望** / 001

　　课堂改革的背景　/ 003

　　课堂改革的经验　/ 005

　　课堂改革的展望　/ 008

第一篇 　**物理** / 011

　　教研室概况　/ 013

　　学科理论基础　/ 015

　　教学范式　/ 022

　　课例　/ 034

　　　　摩擦力（第1课时）/ 034

电场强度的计算方法(复习课) /043

光学(复习课) /051

高三下学期第四次质量检测试卷评讲 /063

第二篇 化学 /069

教研室概况 /071

学科理论基础 /074

教学范式 /080

课例 /093

铁盐催化过氧化氢探究及机理微探析 /093

氮及其化合物(复习课) /104

二氧化硫 /113

原电池 /122

CO_2的资源化利用(复习课) /130

第三篇 生物 /141

教研室概况 /143

学科理论基础 /145

教学范式 /148

课例 /151

蛋白质是生命活动的主要承担者 /151

细胞膜的结构和功能 /156

DNA是主要的遗传物质：肺炎链球菌的转化实验 /165

基因在染色体上 /173

　　　　群落的演替　/179

　　　　精子的形成过程　/184

　　　　环境因素参与调节植物的生命活动（复习课）　/191

　　　　植物体是一个整体（初中高中衔接课）　/196

第四篇　历史　/205

　　教研室概况　/207

　　学科理论基础　/210

　　教学范式　/212

　　课例　/227

　　　　辛亥革命　/227

　　　　中华民族的抗日战争（复习课）　/238

　　　　《中外历史纲要（上）》质量检测试卷讲评　/245

第五篇　地理　/253

　　教研室概况　/255

　　学科理论基础　/259

　　教学范式　/266

　　课例　/277

　　　　服务业区位因素及其变化　/277

　　　　工业区位因素及其变化　/281

　　　　水循环和陆地水体及其相互关系　/287

　　　　高二4月考试讲评　/293

　　　　高一（下）半期测试讲评　/300

绪论

学校课改的背景、经验与展望

课堂改革的背景

一、新课标出台

在当前教育改革的浪潮中,我国不断推进课堂教学的改革与创新,其中一个重要的背景就是新课标的出台。新课标以培养学生核心素养为目标,注重学科知识和能力的有机结合,要求学生具备批判性思维、创新能力和实际问题解决能力。这为课堂教学改革提供了有力指导。随着新课标的发布,教师们需要对教学内容和教学方式进行调整和优化,以适应新课标的要求。新课标要求教师更注重培养学生的创新能力和实践能力,鼓励学生多角度思考问题,培养学生的批判性思维和解决实际问题的能力。这就要求教师采用创新的教学方法,引导学生主动参与学习,并将知识与实际问题相结合,使学生能够将所学知识应用于实际生活中,解决实际问题。

二、新高考的要求

新高考制度的改革也对课堂教学提出了更高的要求。新高考强调综合素质评价,注重培养学生的创新思维和实践能力,并将高考的评价标准与实际需求对接。这就要求我们的课堂教学不再是简单的知识传授,而是对学生综合能力和核心素养的培养。传统的高考制度注重学生对知识的死记硬背与应试技巧训练,培养了大量只擅长机械记忆和应试的学生,这与新时代人才培养的要求不符。新高考要求学生具备创新思维和实践能力,在解决实际问题的过程中展示自己的能力。因此,我们的课堂教学需从对知识的传授转向对学生综合素质的提升和评价,注重培养学生的创新能力、解决问题的能力以及沟通合作的能力。

三、课堂教与学的方式亟须变革

传统课堂教学往往以教师为中心,注重知识的灌输和应试技巧训练,忽视学生的主动性和思维能力的培养。而现代社会对人才的需求已经发生了变化,我们需要培养具有创新精神、批判思维和团队合作能力的学生。因此,为适应时代的需求,我们亟须改革课堂教学方式,使之更加注重学生的参与度和主动性。在传统的课堂教学中,教师通常是知识的传授者,学生则是知识的接受者。教师将知识呈现给学生,学生被动接受并记忆。这种教学方式忽视了学生主体性的发挥和创造性思维的培养,不利于学生综合素质的提升。

课堂改革的经验

一、课堂改革1.0时期

重庆第二外国语学校于2020—2021学年寒假正式启动基于"主题—联结"的深度学习课改项目,首期挑选26名学校业务骨干作为种子教师,通过线上学习相关理论和基本操作范式。这初步改变了传统课堂的教学模式,为后续的课堂改革奠定了基础。课堂改革1.0时期的目标是通过采用新的教学方法和工具,改变传统的教学方式,提高学生的学习兴趣和参与度,提升教学内容的趣味性,激发学生的学习兴趣。小组合作式学习可以培养学生的合作能力和团队精神;项目式学习可以使学生学以致用,将所学知识应用于实际问题的解决中。这些做法使学生更加积极主动地学习,提高学习效果。

二、课堂改革2.0时期

随着前期一年的探索与课堂实践,2021—2022学年本改革进入了2.0时期。学校更加注重培养学生的创新思维和实践能力。以基于"主题—联结"的深度学习课堂教学改革为学校培训研修主题,以骨干教师为引领,以"集体备课、研讨课"活动为平台,以进一步提高全体教师适应新课标、新高考、新教材的能力和水平为目标,落实立德树人根本任务。课改项目打破了传统教学的时空限制,创造了更加开放、自主的学习环境。同时,注重培养学生的批判思维,引导他们理解问题、分析问题、解决实际问题。教师可以根据学生的学习情况和需求,进行个性化教学,满足学生的不同学习需求。同时,教师在教学中也注重培养学生解决问题的能力,鼓励学生从多个角度思考问题,提出自己的见解,并进行互动讨论,进而形成各学科基于"主题—联结"的基本操作范式。

三、课堂改革3.0时期

通过前期两年的探索和实践,学校决定以学科范式为基础,让更多的教师参与进来。在2022—2023学年,学校更加注重个性化教学,通过大数据精准分析学生的特点和需求,提供定制化的学习内容和评价方式。同时,学校推动跨学科融合的教学模式,培养学生的综合能力和创新思维。这是一个更加开放、灵活的教学时代,为学生提供更广阔的发展空间。以学科范式为基础,以技术来赋能,可以更好地洞察学生的学习特点和需求,从而提供个性化的学习内容和学习路径。教师通过分析学生的学习数据、兴趣和能力以及学生的个性化需求,推荐适合他们的学习资源和活动。例如,根据学生对某一学科展现的兴趣和他们擅长的领域,可以向他们推荐相关的学习资料,提出具有挑战性的问题,激发他们的学习动力和创造力。教师鼓励学生主动探索和自主学习,培养他们的自主学习能力和问题解决能力，让他们成为持续学习的主体。在跨学科融合教学中，教师可以将不同学科的知识和概念进行有机结合，让学生学会从多个学科的角度看待问题，培养他们的综合能力和创新思维。

课堂改革的展望

一、学校教育教学质量提升

通过"主题—联结"的深度学习课堂教学改革,有望实现学校教育教学质量的全面提升。"主题—联结"将学科知识与实际问题相联结,通过探究、合作、实践等方式,培养学生的创新意识与解决问题的能力。这样的教学方式能够使学生更加积极主动地参与学习,提高学习兴趣与动力,从而更好地掌握知识。在"主题—联结"的深度学习中,学生通过对实际问题的研究和探究,将学科知识联系起来,学会将抽象的概念与实际生活相结合,确保知识的系统性和完整性。这种教学方式不仅让学生能够理解知识,还能够让他们运用知识解决实际问题,培养创新和解决问题的能力。通过"主题—联结"的深度学习,学生将成为积极、主动、有创造力的学习者,能够适应未来社会的发展需求。

二、全面育人的真正落实

"主题—联结"的深度学习课堂教学改革也有助于实现全面育人的目标。传统教学偏重知识的传授,而"主题—联结"的教学模式注重学生的全面发展,将学科知识与道德、情感、技能等综合素养有机融合。通过培养学生的创新能力、社会责任感和团队协作精神,使学生全面发展,提升其综合素养。学生不仅能够获得学科知识,还能够提升自主学习的能力、沟通与合作的能力、问题解决与创新的能力,以及适应时代变化的能力。通过"主题—联结"的深度学习,学生将有更多机会接触、理解和分析真实的问题和挑战,从而提升自己的批判性思维和创新能力。学生在解决问题的过程中,需要运用各个学科的知识和技能,同时也培养社会责任感和正确价值观。这样的教学模式能够帮助学生提升综合素养,使他们具备适应未来社会需求的能力。

三、促进个性化发展和差异化教育

通过"主题—联结"的深度学习,课堂教学能够更好地促进个体学生的个性化发展,实现差异化教育。在传统教学中,教师一般按照相同的教学内容和方法去教授所有的学生,忽视了学生的个性差异。而"主题—联结"教学模式强调学生的主动学习和自主发展,能够更好地满足不同学生的学习需求和兴趣。通过"主题—联结"的深度学习,教师可以将学习内容与学生的个人兴趣和需求相结合,提供个性化的学习资源和课堂活动。学生可以根据自己的兴趣选择学习主题和研究方向,通过深入学习和探究,发展自己的特长和兴趣。教师在这个过程中根据学生的不同需求和能力,提供个性化的支持和反馈,起到引导和指导的作用。这样的差异化教育可以更好地满足学生的学习需求,让每个学生在适合自己的学习环境中得到发展。教师还可以利用信息技术工具的支持,对学生的学习进行跟踪和评估。通过收集和分析学生的学习数据,教师可以了解每个学生的学习进度、学习困难和学习风格,从而更有针对性地提供个性化的学习资源和指导。人工智能技术可以提供自适应学习系统，根据学生的学习表现和需求，自动调整学习内容和难度，使学习过程更加适应个体差异。

四、社会参与和实践的重要性

在"主题—联结"的深度学习中，社会参与和实践是不可或缺的一部分。学生不仅要在课堂中研究和解决实际问题，还要积极走出课堂，参与社会实践和实际项目。通过与社会和实际问题的接触，学生能够更好地理解学科知识与实际应用的联系，培养解决实际问题的能力和社会责任感。社会参与和实践可以通过与企业、社区、科研机构等合作伙伴的合作来实现。学生可以与专业人士一同参与实际项目的研究与问题的解决，通过与企业合作，学生能够了解行业需求和实际应用情况，培养与社会对接的能力。与社区合作可以使学生了解社会问题和多样文化，培养学生的社会责任感和公民意识。通过社会参与和实践，学生能够将学科知识应用于实际情境中，锻炼解决问题的能力和创新思维。这样的教学模式不仅能够提高学生的学习效果，还能够使学生更好地适应未来社会的发展需求。

第一篇

物理

教研室概况

重庆第二外国语学校物理教研室现有教师33名。其中高级教师10人,具有中级职称的教师17人。具有研究生学历的教师9人,市、区级骨干教师4人,区学科带头人1人。

物理教研室教师队伍是一支年轻的、有活力的、能打胜仗的队伍。教育教学成绩突出,每年的中、高考成绩在南岸区名列前茅,为清华、北大等世界名校输送了近百名学生,成就了一批知名的学子。

物理教研室教师队伍

物理教研室的教师们具有较强的科研能力。物理教研室是重庆市优质课程资源研发基地,研发的课程资源获得特等奖、一等奖。重庆第二外国语学校是南岸区第三期课改实验项目学校,物理教研室承担了较多的课改任务，并开展了课堂深度学习的教学改革。主持多个市级课题、区级课题，获奖论文数十篇。

物理教研室的老师们教学能力强，参加南岸区赛课先后有10人次获一等奖，参加重庆市赛课先后有2人次获二等奖。

相信未来物理教研室会发展得更好！

学科理论基础

1. 物理学的特点

物理学的特点可以概括为以下五个方面。

（1）物理学是一门实验和科学思维相结合的科学。一方面，实验是物理学的基础，科学思维是物理学的生命，在物理学中，概念的形成、规律的发现、理论的建立，都有其坚实的基础。物理实验不仅是物理学理论的基础，也是物理学发展的基本动力，是启迪物理思维的源泉。不少重要的物理思想就是在物理实验的基础上涌现出来的，例如卢瑟福建立的原子核式结构模型的基础是 α 粒子散射实验出现的大角度散射现象，普朗克的能量量子假设是在解释黑体辐射实验规律时萌发出来的。物理学的发展充分表明，实验不仅是一种研究物理问题的科学方法或手段，而且是一种物理学的基本思想和基本观点。另一方面，在物理学中，实验也离不开科学思维，无论是实验方案的设计、实验现象的观察、实验数据的采集、实验结果的分析、实验结论的得出，还是理论研究中的推理论证、概括和总结，都必须经过科学思维。同时，经过科学思维得出的物理结论，又必须接受实验的检验。由此可见，物理学是实验和科学思维相结合的产物，物理模型的提出、物理概念的形成、物理规律的发现、物理理论的建立,以及物理学中许多重大发现都是在实验的基础上进行科学思维的结果。科学思维对物理学的发展起着决定性的作用。

(2)物理学是一门严密的理论科学。物理学是以基本概念和基本规律为主干的一个完整的体系,基本概念、基本规律和基本方法及其相互联系构成了物理学科的基本结构。其中基本概念是基石,基本规律是中心,基本方法是纽带。

(3)物理学是一门精密的定量科学。自从伽利略开创了把观察实验、抽象思维同数学方法相结合的研究途径,物理学就迅速发展为一门精密的定量科学。在物理学中,许多物理概念和物理规律,具有定量的含义。物理学中的基本定律和公式都是运用数学的语言予以精确表达的,物理学中基本概念和规律的定性描述与精确的定量表达相结合是物理学区别于其他学科的显著特点。此外,数学方法还是物理学研究的重要推理论证的工具和手段,物理学与数学有密切的关系,物理学的发展离不开数学。

(4)物理学是一门基础科学,是自然科学的基础之一。它的研究成果和研究方法在自然科学的各个领域都起着重要作用,并且形成了许多交叉学科。物理学也是现代科学技术的重要基础,许多高新技术都与物理学密切相关,历史上许多与物理学直接有关的重要的技术发明,对人类社会的发展起到了很大的作用。

(5)物理学是一门带有方法论性质的科学。物理学在长期的发展过程中,形成了一整套研究问题和解决问题的科学方法。这些方法不仅对物理学的发展起了很重要的作用,而且对其他学科的发展产生了一定的影响。

2.课程性质

物理学是自然科学领域的一门基础学科,研究自然界物质的基本结构、相互作用和运动规律。物理学基于观察与实验,构建物理模型,应用数学等工具,通过科学推理和论证,形成系统的研究方法和理论体系。从古希腊时代的自然哲学,到17、18世纪的经典物理学,直至近代的相对论、量子论等,物理学始终引领着人类对自然奥秘的探索,深化着人类对自然界的认识。物理学对化学、生命科学、地球与宇宙科学等自然科学产生了重要影响,推动了材料、能源、环境、信息等科学技术的进步,促进了人类生产生活方式的变革,对人类的思维方式、价值观念等产生了深远影响,为人类文明和社会进步作出了巨大贡献。

高中物理课程是普通高中自然科学领域的一门基础课程,旨在落实"立德树人"根本任务,进一步提升学生的物理核心素养,为学生的终身发展奠定基础,促进人类科学事业的传承与社会的发展。高中物理课程在义务教育的基础上,帮助学生从物理学的视角认识自然,理解自然,建构关于自然界的物理图景;引导学生经历科学探究过程,体会科学研究方法,养成科学思维习惯,增强创新意识和实践能力;引领学生认识科学的本质以及科学·技术·社会·环境(STSE)的关系,形成科学态度、科学世界观和价值观,为做有责任感的社会公民奠定基础。

3.基本理念

(1)注重体现物理学科本质,培养现代公民必备的核心素养。
(2)注重课程的基础性和选择性,满足学生终身发展的需求。
(3)注重课程的时代性,关注科技进步和社会发展需求。

（4）引导学生自主学习，提倡教学方式多样化。

（5）注重过程评价，促进学生核心素养的发展。

4.核心素养

物理观念：是从物理学视角形成的关于物质、运动与相互作用、能量等的基本认识；是物理概念和规律等在头脑中的提炼与升华；是从物理学视角解释自然现象和解决实际问题的基础。

物理观念主要包括物质观念、运动与相互作用观念、能量观念等要素。

从另外的角度来看，物理观念是科学思维、科学探究、科学态度与责任的基石。也可以说是学生在停止学习物理若干年以后仍然存留在大脑里的有用的概念及规律。如物质观念是客观存在的理念，是唯物的理念；运动观念是事物发展的观念，一切事物都在不停地运动、发展；相互作用的观念是说明事物间是相互影响的，不是孤立的；而能量的观念，则主要是守恒的思想，事物在发展过程中，总有一些不变量存在。

科学思维：是从物理学视角对客观事物的本质属性、内在规律及相互关系的认识方式；是基于经验事实建构物理模型的抽象概括过程；是分析综合、推理论证等方法在科学领域的具体运用；是基于事实证据和科学推理对不同观点和结论质疑、批判、检验和修正，进而提出创造性见解的能力与品格。

科学思维主要包括模型建构、科学推理、科学论证、质疑创新等要素。

科学思维更应该强调的是方法论。对待一个事物，如何去思考它？这里给出了很好的答案。当我们面对一个事物的时候，我们要进行模型建构、科学推理、科学论证、质疑旧的观念,而不是不知所措。

科学探究:指基于观察和实验提出物理问题、形成猜想和假设、设计实验与制定方案、获取和处理信息、基于证据得出结论并作出解释,以及对科学探究过程和结果进行交流、评估、反思的能力。

科学探究主要包括问题、证据、解释、交流等要素。

科学探究也应该是一种方法论,当我们想质疑、观察、实验、提出问题时,我们应该如何去做呢? 首先要有问题意识,能够主动地发现问题,从而去观察、分析,找出证据,利用证据去解释,同时还要会交流。

科学态度与责任:在认识科学本质,理解科学·技术·社会·环境关系的基础上,逐渐形成应有的科学态度和社会责任感。

科学态度与责任主要包括科学本质、科学态度、社会责任等要素。

我们要教会学生用科学的态度去追求科学的本质,为人类社会的发展服务,让他们树立远大的目标。

5.基于课标的深度学习理论阐述

20世纪末,学习科学开始发展。人们对"人是如何学习的"的一些基本事实达成共识,认识到为考试而学和为解决问题而学存在着巨大的差别。今天大家谈到的对学习的追求,是指主动的、积极的、为解决问题并提升创造力的学习,即深度学习。

从深度学习理论的观点看,深度学习与学科课标是相互融合的。

国内的张静团队根据布鲁姆的教学目标分类方法,将学习目标分为记忆、理解(前两者为浅度学习)、应用、分析、评价、创造(后四者为深度学习),同时总结了深度学习的四大特征——批判理解、信息整合、建构反思、迁移应用。

这里,很容易就可以看出,这些提法与课标提出的科学思维是相似的。科学思维强调基于事实证据和科学推理对不同观点和结论进行质疑、批判、检验和修正,进而提出创造性见解。质疑、批判难道不能理解为批判理解吗?可以的。构建模型是科学思维的体现之一,检验与修正是反思与迁移应用的表现。

国内张浩、吴秀娟团队认为深度学习要求学习者掌握非结构化的深层次知识并进行批判的高阶思维、主动建构、有效迁移应用,解决真实问题。

中国的高考评价体系中明确提出"一核、四层、四翼"的核心要求。其中"四翼"中明确提出考题要有基础性、综合性、应用性、创新性,即问题情境往往是复杂的生活实践情境或学习探索情境,使学生必须以正确的思想观念为指导,有效思考和解答,大胆应用学过的知识,去解决真实的问题,从而提高学生分析问题、解决问题的能力。这与深度学习的内核是一致的。

另外,国内段金菊、余胜泉团队认为:深度学习强调较高的认知目标层次,强调高阶思维能力的培养,强调学习过程中的反思与元认知,并且注重学习行为方面的高情感投入和高行为投入。

从深度学习的理论基础来看,深度学习的理论基础之一是建构主义理论。该理论认为:学习是学习者主动积极地建构内部心理表征的过程,是新旧经验相互作用而引发"认知冲突"的过程,提倡个体的自由表达、创造和觉知,认为学习者具备六大核心特征,即积极性、建构性、累积性、目标指引性、诊断性和反思性。

这个理论在物理学科课程标准上得到较为充分的体现。课程设计理念要求高中物理课程通过创设学生积极参与、乐于探究、善于实验、勤于思考的学习情境,培养和发展学生的自学能力。

同时，从物理学科课程标准的课程目标上我们也可以看到深度学习的影子。物理学科课程标准在课程目标中要求学生：具有使用科学证据的意识和评估科学证据的能力，能运用证据对研究的问题进行描述、解释和预测；具有批判意识，能基于证据大胆质疑，从不同角度思考问题，追求科技创新。

当然，深度学习的理论还有情境认知理论、分布式认知理论及元认知理论。这些都与我们物理学科课程标准有一定的联系。

教学范式

一、新授课

1.新课标新高考下高中物理课程的特点

注重基础性。首先，高中物理课程强调以生活为基础，从物理学科走向社会，注重对学生探索能力的培养；其次，高中物理课程注重知识的建构过程，重视物理实验教学，同时锻炼学生的探究能力与创造力；最后，高中物理课程注重对基础知识的理解与学习，重视对物理概念的建立。

体现融合性。一方面，高中物理课程渗透了多个学科的内容，包含了近代物理与经典物理的核心知识，体现了学科之间的融合性与科技的先进性；另一方面，高中物理课程充分体现了对学生正确的价值观与情感态度的培养，对科学知识、物理技术与社会观念进行了完美融合。

这些特点使得我们的物理课堂从"传播—理解—示例—练习"向"参与—体验—内化—外延"转化，积极引导学生参与到实验当中来，参与到具体的情境中来，体验物理概念的建立、物理规律的形成，把物理知识内化为自己的能力，去解决生产生活中的实际问题，提高自身物理学科的核心素养。

2.新课标新高考下高中物理课堂特点

特点一:课堂引入的情境是真实的情境。

课堂中如何引导学生参与到课堂中来?通过真实的、学生感觉有趣的、本堂课中需要的情境。它应该是一堂课的出发点,也应该是一堂课的落脚点;应该是学生经验知识的暴露点,也应该是正确理论知识的应用点。课堂引入情境有:复习旧知,引入新知,作好"二阶诊断";视频引入,激发学生的学习热情,暴露经验知识的错误或缺失;问题引入,带领学生思考,培养科学的思维;角色引入,让学生扮演各种角色,演绎过程的发生与发展;生活实景引入,让学生参与,从中体会其中的物理知识;等等。

特点二:注重实验演示和科学探究。

实验是物理学科的特点。除了演示实验,还有学生实验;除了现实的实验,还有理想性实验。在实验过程中,我们可以看到:

真实的事件,它可能与学生的经验知识完全不同。

真实的现象,它可能是学生完全陌生的事实。

真做实操,体验误差及操作的真实感受。

理想性实验,突破思维的边界,找出问题的本质所在。

探究性实验,验证学生心中的各种猜想,明确思考的方向。

……

当然,在实验中还有许多思想方法的体现。可见,实验在物理课堂中的重要性。

特点三:注重概念建立与规律形成。

概念是物理大厦的基石,规律是物理大厦的框架。没有概念,则无法形成规律,没有物理规律,则无法体现物理学的本质——解决生产生活中的实际问题,为人类服务。

概念则是建立在需要的基础上的。如运动的描述,先建立质点参考系,然后才有位移与时间,有了时间的概念才能建立速度及加速度的概念。有了这些概念,我们才能去研究匀变速直线运动,从而找出其存在的规律。又如,要描述匀速圆周运动的快慢,必须从多个角度来进行分析定义,从而提出了线速度、角速度、周期、转速等物理概念。有了这些,我们才能分析解决生产生活中相关的圆周运动问题,为人们服务。

特点四:逻辑推理,思维可视。

高中物理课堂中常用的逻辑推理方式有演绎推理和归纳推理两种。如在学习牛顿运动定律的形成时,会用到逻辑推理的思维方式。在学习万有引力定律时,则使用了演绎的思维方式,从一般的物体做匀速圆周运动需要向心力,迁移到行星的运动上,推出行星所受向心力的表达式。

特点五:来自生活,应用于生活,外延至无穷。

在学习物理的过程中,新课标新高考要求学生经历生活情境—形成物理情境—找出物理模型的过程,然后用物理模型去解决生活中的物理问题。

3.基于"主题—联结"的深度学习物理课堂范式

(1)课题引入:觉知

复习旧知引入,作好"二阶诊断"。

视频引入,激发学生的学习热情,暴露经验知识的错误或缺失。

问题引入,带领学生思考,培养科学思维习惯。

角色引入,让学生扮演各种角色,演绎过程的发生与发展。

生活实景引入,让学生参与,从而体会其中的物理知识。

在引入时,特别强调学生的"参与和体验"。

(2)课题展开:调和

结合具体的真情实景展开。以问题为驱动力推动课堂的发展。

观察演示的、学生自己操作的实验,强化新知与旧知的调和。

强化合作、探究,指导学生学习。加强学生学情间的调和。

建立概念、形成规律,抽象物理模型,突出规律与模型间的调和。

突出评价,提高知识与技能间的调和。

注重逻辑,体现思维的可视化程度。厘清思维顺畅度的调和。

在此过程中特别注意将学生的知识"内化"。

(3)课题小结:归纳

实验现象的归纳。突出现象背后的本质。

学生对同一现象不同认识的归纳。激发认知间的冲突。

强调物理知识的归纳,形成知识结构图(或者思维导图)。将知识可视化。

突出物理思想的归纳。将思想、思维方法可视化。

(4)课题评价:迁移

针对学习目标,有相应的评价内容。体现学习的成就感。

评价活动及时有效。

思想方法也得到相应评价。体验物理学智慧。

评价活动多样性,培养学生综合素养。

……

此过程中,强调知识、方法的外延。

(5)课题反思:二阶诊断

为后续的学习添砖加瓦。

总之,课堂是按时间轴单向进行的(即过程的有序性),物理知识、规律的构建也是随时间逐渐增加的。单独地看一堂课是比较单一的,不够全面。这也是我们进行大单元备课,进行大单元教学设计的原因。有了堂课的反思,才能为后续课堂的实施提供一个方向。逐步构建物理知识大厦,提高学生物理学科的综合素养,全面提高学生的能力。

其流程框图如下:

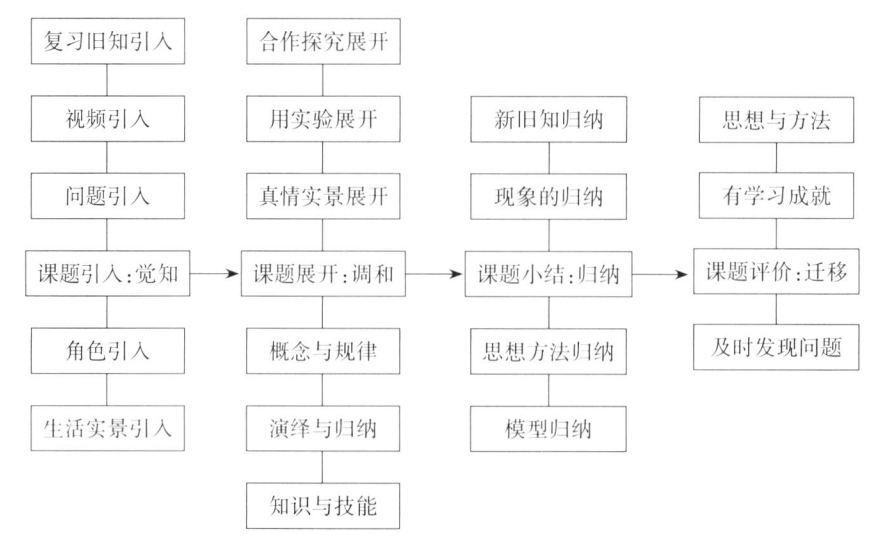

```
复习旧知引入      合作探究展开
    ↓              ↓
  视频引入        用实验展开      新旧知归纳      思想与方法
    ↓              ↓              ↓              ↓
  问题引入        真情实景展开    现象的归纳      有学习成就
    ↓              ↓              ↓              ↓
课题引入:觉知 → 课题展开:调和 → 课题小结:归纳 → 课题评价:迁移
    ↓              ↓              ↓              ↓
  角色引入        概念与规律      思想方法归纳    及时发现问题
    ↓              ↓              ↓
生活实景引入      演绎与归纳      模型归纳
                   ↓
                 知识与技能
```

深度学习物理课堂范式流程图

二、复习课

1.复习课在高中物理教学中的作用

复习课在高中物理教学中是不可或缺的一环,其目的是帮助学生对所学知识进行有效的梳理,在搭建知识框架的过程中使学生对所学知识形成自己独有的知识结构,并能以此为基础提高自身的综合能力。

物理学科公式、定理多,这不仅要求学生对基础理论有深入的理解,还需要学习者能够举一反三,灵活运用。高中物理复习课是学生加强基础知识水平和提高灵活使用知识能力的重要课程,在教学中有重要地位。它的主要任务是:核心基础知识的总结、复习、梳理。学生在初步接触物理知识时,学到的大多是单元化的知识点,无法将所学的知识有效地联系组织起来,当要提取使用相关知识点时也无法高效地从自己知识库中找到。因此,高中物理复习课重点目标之一就是引导学生将所学知识融会贯通,建立自己的知识网络体系以及能够对知识熟练运用。教师在物理复习课中都应该引领学生进行知识内容的迁移能力训练,在这个过程中,培养学生建立科学思考和独立分析问题的习惯,以提高学生的综合分析能力和解决问题能力。

2.深度学习复习课范式介绍

(1)深度学习复习课环节的作用

环节一:高考导航、复习前测——觉知

重庆高考物理试卷由重庆市自己命制。它以物理新课标为依据,注重对基本知识与基本技能、实验探究能力的考查。每个考点在试卷命制多项细目表中都有具体的要求说明。通过对近三年的重庆高考某一考点真题的统计、分析,让学生在复习前明确本节课复习内容在高考中的考法、题型、难度要求,让课堂的复习有的放矢,精准指向高考。课堂复习要紧扣重庆高考要求,对重庆高考真题的研究就是给学生导航、为学生指明方向,让学生明白复习什么、复习到什么程度。

明确重庆高考对某一考点的要求,围绕近几年重庆高考的要求,教师命制5分钟左右的考题,通过复习前测及时掌握该考点学生的掌握情况,研判学情,从而在课堂中有针对性地进行复习。教师能通过复习前测结果对学生的知识掌握情况有基本判断。同时复习前测也能提高学生学习的积极性和自主性,有利于提高课堂教学的实效性。

环节二:知识构建——调和

概念图在复习学习环节的应用能够将物理学科相对分散的知识点进行集中处理,形成结构化和条理化的知识,为学生物理知识的记忆提供相应的辅助。在高中阶段的物理复习教学中,加强对概念图的应用,可以实现知识点的高度浓缩,并且将不同类型的概念知识点和相关关系等进行清晰而明确的罗列,形成对新旧知识的整合,能使学生把握不同知识点之间的联系,并对高中物理知识进行更为深入的探索。同时,在高中物理复习教学中加强对概念图教学方法的应用,教师也能更好地展示知识的内在规律和有机联系,使学生发现不同知识点之间的联系和差异,对学生形成系统化的知识网络产生相应的积极影响。

概念图教学模式的应用,能更好地将知识点之间的联系呈现给学生,也能帮助学生对不同概念之间的相互联系加以把握和处理,进而在复习指导环节实现对学生横向思维的培养,使学生完成综合性学习的目标,对学生更好地掌握知识迁移技巧产生积极影响。

在复习环节应用概念图开展教学活动,可以增强学生对相关概念性知识点的系统认知,对学生创造性思维评价能力的培养能起到相应的促进作用。学生在对概念图进行绘制的过程中,综合应用不同的图形和连接词,能更好地呈现知识点之间的相互作用关系,反映学生之间对不同知识点的认识程度和理解程度,使学生逐渐掌握新知识技能的联系,为学生的全面发展创造理想化的条件。

在复习教学指导环节适当地使用概念图开展教学活动,能促进学生复习学习能力和综合能力的增强。学生将概念图作为依托加深对相关知识点的理解和记忆,也能产生更好的学习效果,形成对相关概念知识的系统认识,从整体上把握所学知识,进而提高学习能力。

环节三:难点突破——归纳

在复习过程中,必须对课本知识加以系统整理,依据基础知识的相互联系及相互转化关系,梳理归类,分块整理,重新组织,变为系统的条理化的知识点,使学生所学的分散知识系统化。这个系统化的过程最好要引导学生独立完成,引导学生对所学的知识进行梳理、总结、归纳,帮助学生厘清知识线,分清解题思路,弄清各种解题方法联系的过程。要根据学生的回忆,进行从点到线、由线及面的总结,做到以一点或一题串一线、联一面,特别是要注意知识间纵横向联系和比较,构建知识网络。

环节四:真题体验——迁移

首先,高考真题对所有的学生来讲,无论是基础性的还是提高性的,只要学生做的时候注意力集中,就会有一种临场感觉,这种临场感觉非常重要。每一个学生只有重视这种感觉才可以客观地认真地调动所有的学习因素。

其次,高考真题非常有代表性,试题的难易度是均匀分布的,完全可以代表我们在整个高中学习过程中所有的知识点、难点。多做高考真题,可以帮助学生提炼知识点,让他们迅速建立知识体系。

最后,真题背后所涉及的物理知识非常丰富,必须要重视每一道高考真题背后所涉及的知识点。

(2)深度学习复习课环节的操作流程

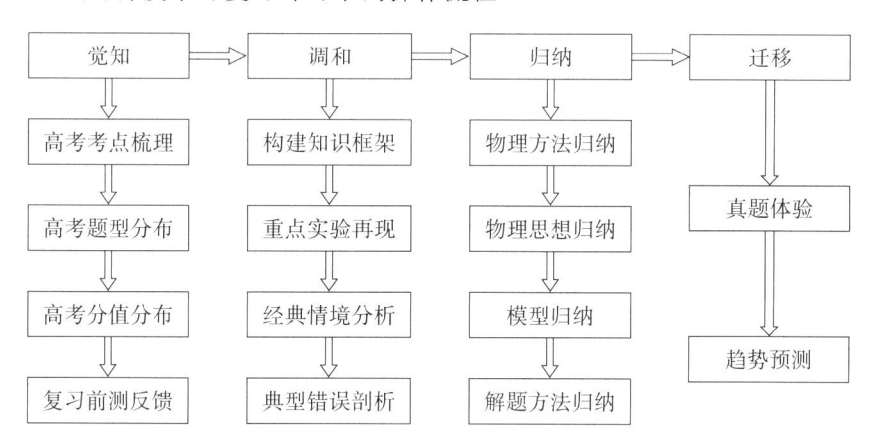

```
觉知 → 调和 → 归纳 → 迁移
 ↓       ↓       ↓       ↓
高考考点梳理  构建知识框架  物理方法归纳  真题体验
 ↓       ↓       ↓       ↓
高考题型分布  重点实验再现  物理思想归纳  趋势预测
 ↓       ↓       ↓
高考分值分布  经典情境分析  模型归纳
 ↓       ↓       ↓
复习前测反馈  典型错误剖析  解题方法归纳
```

深度学习复习课环节流程图

三、试卷评讲课

1.试卷评讲课的作用

试卷评讲课是学生学习过程的重要组成部分,上试卷评讲课也是学生学习的重要方式之一。

高考在评价模式上,实现了从主要基于"考查内容"的一维评价模式向"考查内容、考查要求、考查载体"三位一体评价模式的转变。要实现这一转变,对学生的训练是必不可少的。高考评价体系也不反对学生的实践训练。训练后就是试卷的评讲,在训练中暴露学生存在的问题,在评讲中提升学生的能力。具体来说,试卷评讲课具有以下作用:一是暴露学生在学习过程中存在的问题;二是纠正学生存在的问题;三是提升学生对内容的进一步理解。

在现在的试卷评讲课堂上,存在以下几种现象。

(1)无评也无讲,只对答案

当然,这种现象是比较少的。少,但不代表它不存在。考试完后,或者学生做完作业后,教师不批不改,而是直接将答案发给学生,或者张贴于墙上,让学生自己对答案。这种方式的效果是可想而知的。教师根本就不知道学生的答题情况,就无法做相应的纠正,当然也谈不上使学生能力提升。

(2)只讲不评,无迁移提升

这种现象表现在批改完卷子后,教师只讲不评。公布答案后,就开始按照题号的顺序,一题接一题地讲,只是讲,没有重点的突出,没有难点的突破。由于没有重点的突出、难点的突破,每一题平均用力、平均用时,导致每题所用的时间都较少,当然就没有深度,更没有梯度,不可能有觉知、调和、归纳、迁移。

(3)只评不讲,无迁移提升

有些教师的口头语是这样的:由于时间比较紧张,下面我简单说一下本次考试的大概情况。然后就开始评这次考试的班级平均分(年级平均分)、最高分(最低分)、合格率、优秀率等,还可能对本次考试中表现较差的学生做较为严肃的批评,最后公布答案。

2.基于"主题—联结"的深度学习物理课堂范式的试卷评讲课

(1)评价试卷:觉知

试卷评讲课,首先是评。这也是课堂引入,可以理解为将真实的情境引入课堂,并且贯穿整节课,相当于新授课的真实情境引入。

那么评什么呢？如何评呢？

一是评班级的考试成绩共同点,即平均分、合格率、优秀率等。它反映了整个班级在该次考试中的共同性,也可以说一个平均的程度,或者说是班级的平均档次。

二是评班级的答题共性,即错误率较高的问题。这更是一个真实情境,这是学生在考试过程中真实发生的、共性的问题。

三是评班级的答题方法的共性。如书写的规范与否,答题是否有比较完整的逻辑,作图是否规范,答题是否有规划等。

四是评班级中知识的易错点。

五是评在考试中的个别极端现象。这就是要解决试卷中的个性问题。

(2)试题讲解:调和

在评讲的过程中,我们将学生在考试和作业过程中较多学生错的题目作为评讲的重点。评讲重点时应从审题开始,分析题目,找出所需的物理概念及物理规律,发现题目中所体现出的物理模型。在方法上,多揭露学生的思维缺点,形成一些认知上的冲突,发现学生对模型寻找的不足。可以让学生分析,也可以由教师引领学生构建物理载体情境,帮助学生把物理概念、物理规律建立在题目的情境载体中。同时,为便于学生更好地理解,在评讲过程中我们可以通过实验的手段来加深学生对物理概念、物理规律、物理模型的理解和再次确认。

在过程中,我们可以分题型讲解,也可以按试卷中所含的知识点来进行分类评讲,还可以以大单元的背景来进行分类评讲。在评讲过程中,注意新知识的穿插,强化知识点间的联系,加深对物理概念、物理规律、物理模型间横纵联系的理解,提高学生记忆水平和能力。

(3)知识方法提炼:归纳

试卷评讲的目的之一就是提高认识,让学生在错误中成长。因此,在评讲过程中对知识方法的归纳就显得特别重要。

归纳之一,知识再现。在试卷评讲课中,需要板书。我们有不少的教师上完试卷课后,黑板上一个字没有,学生听完了,也许卷面上就只有一个正确的参考答案,其他什么都没有。这样的评讲课是没有效果的,至少是效果不好的。我们至少应该将试卷中所涉及的知识点在黑板上呈现。

归纳之二,方法提炼。解某一个题不是目的,解某一类题才是我们的方向,当然全面提升学生的能力是我们的根本目的。试卷评讲课中一定要有方法的提炼,形成程序性思维。

归纳之三,答题规范。物理学科是一门自然学科,要求以语言和数学作为工具,利用物理概念、物理规律去解决生产生活中存在的问题。那么在解决问题的过程中,如何规范表达呢?简短的文字语言,清晰的逻辑推导,严谨的数学演算,正确的结论得出及结论的讨论都是我们在试卷评讲过程中要给学生呈现的,要做好示范,严格规范。

归纳之四,经验总结。考试,哪怕是平时的考试,学生都会出现或多或少的紧张心情,从而导致一些过失丢分及思维混乱,多多少少对学生的心理造成一些影响。因此,在评讲过程中,教师应对答题过程中的心理、思维过程、模型建立、计算过程进行剖析,形成一些经验性的结论。这对学生的发展是非常有利的。

(4)强化提高:迁移

迁移方向一,解决同类型的题目及相关的问题。通过试卷的评讲,是否达到了我们的教学目标,是试卷评讲过程中要始终注意的地方。我们要让学生在认识自己的错误的过程中得到发展。

迁移方向二,物理模型的迁移。物理模型来自我们的生产生活实践,但不同于我们的生产生活。如自由落体运动,这是一个运动模型。它就来自我们的生活(一个物体在空中由静止开始下落),然而它又不在我们的生活中,因为我们生活中下落的物体都要受到空气阻力的影响。我们要让学生在不同的载体情境中寻找出相同或相似的物理模型,从而提高学生的能力。

迁移方向三,联系生产生活中的物理现象。利用物理概念、物理规律、物理模型,解决生产生活中的问题是我们物理学科的本质所在,也是物理学发展的根本动力。

试卷评讲课的流程框图如下:

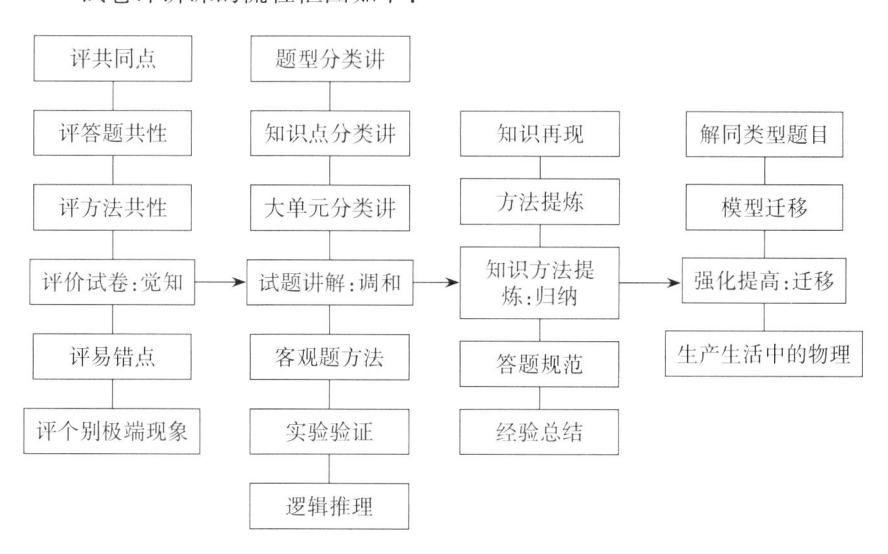

```
评共同点          题型分类讲
评答题共性        知识点分类讲       知识再现         解同类型题目
评方法共性        大单元分类讲       方法提炼         模型迁移
评价试卷:觉知  →  试题讲解:调和  →  知识方法提炼:归纳  →  强化提高:迁移
评易错点          客观题方法        答题规范         生产生活中的物理
评个别极端现象    实验验证          经验总结
                 逻辑推理
```

试卷评讲课流程图

课例

摩擦力(第1课时)

设计者:朱慧贞

一、教学内容分析

本节内容是对初中摩擦力知识的延伸和拓展。教科书首先通过回忆初中知识,说明什么是滑动摩擦力,并说明滑动摩擦力的大小和方向;然后,介绍了静摩擦力及其方向,通过实验研究静摩擦力的大小。

本节的教学重点是通过实验认识摩擦力的规律。摩擦力是一种常见的重要的相互作用力,对解释生产生活中的现象具有重要价值。判断摩擦力的方向是本节课的难点,这是因为:第一,认识摩擦力需要在大量体验的基础上进行概括归纳,学生在日常生活中往往缺乏这些体验的积累;第二,摩擦力与机械运动联系紧密,比如相对运动、相对运动趋势等概念,本身比较抽象。

二、学情分析

学生在初中阶段对摩擦力已经有了初步的认识,本课时是针对滑动摩擦力进行教学,学生已经在定性层面认识到滑动摩擦力,在此基础上引导学生对滑动摩擦力进行定量分析。该班学生基础普遍不错,上课敢于发言,与教师互动积极。

三、教学目标设定

(1)通过分析生活中的摩擦现象,理解摩擦力的产生条件。
(2)会根据相对运动方向判断滑动摩擦力的方向。
(3)掌握滑动摩擦力的大小与压力大小成正比,会用$F_f=\mu F_N$计算摩擦力。

四、教学重难点

(1)通过科学探究学会判断滑动摩擦力的方向;通过实验探究掌握滑动摩擦力的大小与压力之间的定量关系。
(2)理解相对运动概念,判断滑动摩擦力的方向。

五、教学设计主要理念与原则

本教学设计主要依据如下标准:

高中物理新课程标准提出在实际教学中要注重从生活走向物理,从物理走向社会的教学理念。在物理教学中,要从日常生活入手,创设生动有趣的物理问题情境,吸引学生的注意力,激发学生的学习兴趣,使学生从生活经验和客观事实出发,在研究现实问题的过程中学习物理、理解物理,同时把学习到的物理知识应用到生活实际中,使学生亲近物理,感到学习物理的快乐,初步体会物理与现实生活的联系。

注重全体学生的全面发展,让学生成为课堂学习的主人。在课堂教学中,一些学生在生活中早已熟悉的东西,教师还在不厌其烦地从头讲起;一些具有较高综合性和较高思维价值的问题,教师却将知识点分化,忽视了学生自主探究和知识的综合运用能力的培养;一些本该让学生自己去动手操作、试验、讨论、归纳、总结的内容却被教师代办;一些学生经过自己的深思熟虑形成的独特见解和疑问,往往因为教师的"就照我教的来"而被扼杀。在新课程标准下,教师应当成为学生学习的组织者、引导者和合作者,激发学生的学习积极性、创造性,为学生提供从事活动的机会,构建开展研究的平台,让学生成为学习的主人。

基于以上教学基本依据,将本次教学设计原则确定如下:

(1)活动设计注重物理来源于生活并服务于生活的理念,从生活现象入手,并回归生活,应用物理知识解决生活中的问题。

(2)活动设计要在了解学生基础的前提下,设置真正能连接学生旧知,激发学生探索新知的欲望的教学活动。

六、教学活动

教学步骤	教师活动	学生活动	设计目的
知识觉知	课前小游戏:你会抓泥鳅吗?	请两位同学上台抓泥鳅,其余同学做裁判,比一比在相同时间内,谁能抓起更多的泥鳅。	比赛抓泥鳅,能激发同学们的好奇心和积极性,并且体会到抓泥鳅过程中泥鳅与手之间的摩擦,从而引出本节课题——摩擦力。

续表

教学步骤	教师活动	学生活动	设计目的
知识回顾	滑动摩擦力的定义：我们知道，两个相互接触的物体，当它们相对滑动时，在接触面上会产生一种阻碍相对运动的力，这种力叫作滑动摩擦力。你能判断下列情境中的物体是否受到滑动摩擦力吗？	情境①：用手在桌面上滑动。情境②：用黑板擦擦黑板。情境③：用力抽出教材下方的白纸。	回顾旧知，建立与新知的联系。

续表

教学步骤	教师活动	学生活动	设计目的
问题调和	1.滑动摩擦力产生的条件是什么？	基于以上三个情境学生总结出滑动摩擦力的产生条件。	为下面探究滑动摩擦力的方向打下基础。
	2.如何判断滑动摩擦力的方向？教师利用毛刷和木板进行演示，演示相对运动的四种情况。	学生分组实验，探究滑动摩擦力的方向。 体验一：手按毛刷让它在静止的木板上向右运动。 体验二：手按毛刷固定不动，让木板向左运动。 体验三：手按毛刷，让毛刷向左运动，让木板向右运动。	学生通过自主实验探究并对实验表格进行分析，发现：滑动摩擦力的方向与物体运动方向无关；滑动摩擦力的方向总是沿着接触面，与相对运动方向相反。
		体验四：手按毛刷让毛刷和木板都向左运动，但木板运动得更快。	

续表

教学步骤	教师活动	学生活动	设计目的
一阶诊断	1.请同学们画出"体验一"中毛刷受到滑动摩擦力的示意图。 2.呈现判断的依据。	1.画出"体验一"中毛刷受到滑动摩擦力的示意图。 2.判断以下说法是否正确并说明理由： ①只有运动的物体才会受到滑动摩擦力。 ②运动的物体一定会受到滑动摩擦力。 ③滑动摩擦力总是与物体运动的方向相反(总是阻碍物体的运动)。	检测学生对滑动摩擦力的产生条件与滑动摩擦力方向的掌握情况。

续表

教学步骤	教师活动	学生活动	设计目的
问题调和	滑动摩擦力的大小与什么因素有关?有何关系?	探究滑动摩擦力的大小与压力大小的定量关系。学生分组实验:保持接触面的材料及粗糙程度不变,测出接触面上的压力和对应的滑动摩擦力的大小。	分析学生处理的图像,得出实验结论:滑动摩擦力与压力大小成正比,$F_f=\mu F_N$。
归纳迁移	1.这节课你收获了什么?(请学生起来总结,教师加以补充)	1.完成例题:对寒冷地区的居民来说,狗拉雪橇是一种十分重要的交通工具。狗拉着一个有钢制滑板的雪橇在冰面上滑行,如果雪橇连同其上的物品和人所受的总重力为$9.8×10^3$ N,这些狗要用多大的水平力,才能够拉着雪橇匀速前进?(查表得钢-冰的动摩擦因数为0.02) 2.学生总结。	检测学生对滑动摩擦力的大小公式的掌握并整理回顾本节课知识。
	2.你现在知道抓泥鳅的技巧了吗?	课前比赛中失败的同学再次上台挑战,应用知识解决问题。	回到课前引入的情境中,让同学学以致用,总结抓泥鳅的技巧,并再次进行体验。体现物理来源于生活,服务于生活的理念。

七、教学反思与改进

2022年11月4日,我参加了我校对外的开放月展示课活动。我上的是摩擦力的内容。为了上好这节公开课,我做了不少准备。课后,经过听课学校领导、老师的讨论和反馈,我了解到我这节课总体上来说还是得到了他们的一致认可,我也积极主动找一些资深的优秀教师取经,虚心听取他们对我这节课的意见和建议,从中真可谓受益良多。所以,为了自己今后取得更大的进步,成长更快,我有责任对这节课做一个总结。

1.具体上课情况

优点:教学结构完整,课堂学习氛围浓厚。通过抓泥鳅的游戏激发了学生们的学习兴趣。恰当的激励语言,较好的组织形式使学习氛围活跃。与学生们平等探讨,师生互动,共同参与,效果很好。

缺点:我认为这节课不足的地方是课前没有准备充分。比如在和学生共同演示相对运动的第四种情形时,这个操作非常困难,稍不注意演示效果就会大打折扣。果不其然,在课堂中没有和学生配合好,导致在这个环节既浪费了时间,演示效果又不好。应该提前拍好微课演示视频,在现场演示效果不佳时,及时播放视频来补救。

2.教学方法

这节课可以用12个字总结:突出重点,解决难点,展现亮点。俗话说,有舍才有得,一节课就40分钟的时间,要思考怎么分配才能让学生达到最佳的学习效果。我上个学期也上了节公开课,就在这个问题上犯了错误,我把一个个知识点罗列出来,逐一讲授,但是重点不够突出,让人印象不深。而这节课我克服了这个毛病,备课时搜集的资料很多,但最后经过我的筛选,放弃了很多非重点知识,并针对重点在提问和互动上下了功夫,取得了很好的效果,这就是突出重点。后八个字中,解决难点是很困难的,我把这八个字进行了融合,把难点通俗化,化难点为上课的亮点。具体做法是让学生动手进行实验探究,亲身感受滑动摩擦力的存在与大小,这样,结论的得出就是顺理成章的事情了。

3.思想总结

通过这次公开课的锻炼,我感觉收获了很多:一是亲身去经历,去准备,去体验;二是得到了那么多资深优秀教师的点评和鼓励。这让我懂得了作为一个合格的老师,必须要注意时刻关注学生的反馈,教师不单是知识的传授者,更是学生学习的帮助者和组织者,既要做理论型的教师,更要做实践型的教师。把理论与实践相结合,才会更好地从平日的教学当中进行反思,改正错误,发扬长处,形成自己独特而富有魅力的教学风格。这样才能使学生真正学到知识,掌握知识。我会继续努力不懈工作,不断学习新的知识丰富自己,争取更大的进步。

电场强度的计算方法（复习课）

设计者：雷庆

一、教学内容分析

1.基于课标

知道电场是一种物质；了解电场强度，体会用物理量之比定义新物理量的方法；会用电场线描述电场。

2.基于教材

本节具有承前启后的作用：把力的相互作用观念，用于对静电现象的讨论；通过对静电力的讨论建立电场强度的概念，进一步拓展对力的相互作用观念的认识，同时为之后电功、电势、电势差等概念的建立以及分析带电粒子在电场中的运动奠定基础。电场强度是用物理量之比来定义的，电场强度反映了电场力的性质，电场强度是矢量，电场中某点电场强度的方向规定为正电荷在该点所受电场力的方向，电场强度的合成遵循平行四边形定则和三角形法则。本节要让学生灵活应用方法，总结电场强度的计算方法。

二、学情分析

学生以前学过用比值来定义物理量,比如加速度 $a = \dfrac{\Delta v}{\Delta t}$。电场强度的定义是试探电荷所受的静电力和电荷量之比,其研究对象是试探电荷,但定义后的物理量却与试探电荷无关,描述的是试探电荷所在位置电场的性质,是"别人"的性质,不是试探电荷的。这是学生以往没有接触过的一种思维方式,因此电场强度的学习是一个难点。尤其是对于非点电荷电场中电场强度的计算,需要综合应用各种方法。这对学生来说是一次思维的飞跃,能力的提升。

三、教学目标设定

(1)通过电场强度概念的建立过程,进一步体会用物理量之比定义新物理量的方法。理解电场强度的定义式、单位和方向。

(2)知道点电荷电场的电场强度的表达式,会应用平行四边形定则或三角形法则计算多个点电荷形成的电场的电场强度。

(3)通过迁移归纳,总结出非点电荷电场强度的计算方法。

四、教学重难点

教学重点:电场强度概念的建立。

教学难点:电场强度的计算方法。

五、评价设计

（1）通过多个点电荷的电场强度计算，考查学生模型建构、矢量合成方法灵活应用的能力。

（2）通过不对称电荷的电场强度的计算，考查学生模型建构能力，补偿法和对称法的灵活应用的能力。

（3）通过非点电荷带电体中电场强度的计算，考查学生迁移归纳能力。

六、教学活动

教学步骤	教学活动	设计意图	教学评价
高考导航	教师展示最近几年高考中涉及电场强度的题目和分值。	让学生明白高考中电场强度的考查方式和分值。	
觉知	一、感知电场强度 提问：电场强度E是怎样定义的？它的方向是怎么规定的？	复习上节课的内容，温故而知新。	学生能够准确说出电场强度的定义、单位和方向。

续表

教学步骤	教学活动	设计意图	教学评价
调和	二、电场强度的合成 提问:如图所示,2个场源电荷,空间任一点P的合电场多大? 提问:如果有三个场源电荷(点电荷),如何求空间某一点的合场强呢? 如图,在$(a,0)$位置放置电荷量为q的正点电荷,在$(0,a)$位置放置电荷量为q的负点电荷,在距$P(a,a)$为$\sqrt{2}a$的某点处放置正点电荷Q,使得P点的电场强度为零。则Q的位置及电荷量分别为( )。 A.$(0,2a),\sqrt{2}q$ B.$(0,2a),2\sqrt{2}q$ C.$(2a,0),\sqrt{2}q$ D.$(2a,0),2\sqrt{2}q$	引导学生回忆点电荷电场强度的计算公式和矢量合成法则,得出空间任一点的场强等于各个场源电荷单独存在时所激发的场强的矢量和。 引导学生类比求三个力的合力方法,归纳出求多个场强的合场强的方法:根据点电荷的场强公式$E=\dfrac{kq}{r^2}$,先求出各个场强的大小和方向,再将两个场强进行合成,求出它们的合场强,再与剩下的场强依次合成……最后,求出总场强。	通过计算,总结出场强的独立性和叠加性。 学生能够结合点电荷电场强度公式和平行四边形定则解决问题。

续表

教学步骤	教学活动	设计意图	教学评价
归纳	三、计算特殊带电体产生的电场强度 提问:点电荷电场和匀强电场有计算公式,那么一些特殊带电体的电场强度如何计算? 1.如图,在光滑绝缘水平面上,三个带电小球a、b和c分别位于边长为l的正三角形的三个顶点上;a、b带正电,c带负电,电荷量均为q。整个系统置于方向水平的匀强电场中。已知静电力常量为k,若三个小球均处于静止状态,则匀强电场场强的大小为( )。 A.$\dfrac{\sqrt{3}\,kq}{3l^2}$ B.$\dfrac{\sqrt{3}\,kq}{l^2}$ C.$\dfrac{3kq}{l^2}$ D.$\dfrac{2\sqrt{3}\,kq}{l^2}$ 2.如图所示,边长为a的正方体的顶点A处有一电荷量为$-Q$的点电荷,其他7个顶点各有一电荷量为$+Q$的点电荷,体心O处有一个电荷量为$-q$的点电荷。静电力常量为k,则O点处的点电荷受到的电场力大小为( )。 A.$\dfrac{8kQq}{3a^2}$ B.$\dfrac{4kQq}{3a^2}$ C.$\dfrac{8\sqrt{6}\,kQq}{9a^2}$ D.$\dfrac{8\sqrt{3}\,kQq}{9a^2}$	引导学生总结出特殊带电体场强的计算方法。 1.对称法:利用空间上对称分布的电荷形成的电场具有对称性的特点,使复杂电场的叠加计算大为简化。 2.填补法:将有缺口的带电圆环补全为圆环,或将半球面补全为球面,或不完整的球补全为完整的球,从而化难为易、事半功倍。 3.微元法:将带电体分成许多元电荷,每个元电荷看成点电荷,先根据库仑定律求出每个元电荷的场强,再结合对称性和场强叠加原理求出合场强。 4.等效法(电像法):在保证效果相同的前提下,将复杂的电场情境变换为简单的或熟悉的电场情境。	在老师启发引导下,学生能够理解多种方法计算特殊带电体的场强。能够应用所学知识分析问题和解决问题。

续表

教学步骤	教学活动	设计意图	教学评价
归纳	3. 下列选项中的各1/4圆环大小相同,所带电荷量已在图中标出,且电荷均匀分布,各1/4圆环间彼此绝缘,坐标原点O处电场强度最大的是(　　)。 A　B　C　D 4. 已知均匀带电球体在球的外部产生的电场与一个位于球心、所带电荷量与之相等的点电荷产生的电场相同,如图所示,半径为R的球体上均匀分布着总电荷量为Q的电荷,在过球心O的直线上有A、B两个点,OB、BA的长度均为R。现以OB为直径在球内挖出一个球形空腔,若静电力常量为k,球的体积公式为$V=\frac{4}{3}\pi r^3$,则A点处电场强度的大小为(　　)。 A. $\frac{5kQ}{36R^2}$　　B. $\frac{7kQ}{36R^2}$ C. $\frac{7kQ}{32R^2}$　　D. $\frac{3kQ}{16R^2}$	5. 极限法:对于某些特殊情况下求解有关场强问题,有时无法用现有公式求解,则可考虑应用极限法。 通过第1题和第2题,强化学生对场强的理解,学会点电荷场强叠加的计算方法。 通过第3题、第4题和第5题,强化学生用对称法、填补法和微元法计算场强。	

教学步骤	教学活动	设计意图	教学评价
归纳	5.一半径为R的圆环上,均匀地带有电荷量为Q的电荷,在垂直于圆环平面的对称轴上有一点P,它与环心O的距离$OP=L$。设静电力常量为k,关于P点的场强E,下列四个表达式中只有一个是正确的,请你根据所学的物理知识,通过一定的分析,判断正确的表达式是(　　)。 A. $\dfrac{kQ}{R^2+L^2}$　　B. $\dfrac{kQL}{R^2+L^2}$ C. $\dfrac{kQR}{\sqrt{(R^2+L^2)^3}}$　　D. $\dfrac{kQL}{\sqrt{(R^2+L^2)^3}}$		

七、板书设计

（略）

八、教学反思与改进

成功之处：本节课讨论了计算多个点电荷电场的合场强的方法，归纳了求解特殊带电体的电场强度的计算方法，能够有效培养学生的逻辑思维能力。

不足之处：本节课的容量较大，课堂节奏较快。所以，需要学生提前预习，这样学习效果会更好。

光学(复习课)

设计者:刘海明

一、教学内容分析

1.基于课标

(1)理解光的折射定律、全反射现象及其产生的条件,知道光的干涉、衍射和偏振现象及其在生活中的应用,了解激光。

(2)理解光电效应现象,知道光电效应方程及其意义,理解康普顿效应,知道光的波粒二象性。

2.基于教材

这节课紧紧围绕光学这一主题开展专题复习。在新课标新教材以及物理学科核心素养的指导下,同时结合大单元教学设计的理念,通过思维导图的方式,构建起整个中学阶段关于光学的全部知识框架。

二、学情分析

在教学内容上,因为新教材中,选择性必修一第四章"光"、选择性必修三第四章"原子结构和波粒二象性"都涉及光学内容,为了更好地体现大单元教学,所以有意识地将涉及光学部分的几何光学、波动光学、量子光学、激光等内容进行整体大单元设计。学生在初中已学了光沿直线传播、反射定律(几何光学)。高中阶段几何光学主要涉及光的反射定律、全反射现象等;波动光学涉及光的干涉、衍射、偏振现象;量子光学涉及光电效应、康普顿效应和玻尔模型氢原子能级跃迁。

三、教学目标设定

(1)能正确判断光的几何特征,理解光的波动性和粒子性。

(2)知道光具有波粒二象性,理解光的波动性和粒子性的现象及应用。

(3)了解激光及其应用。

四、教学重难点

教学重点:对光的几何特性、波动性、粒子性的现象和应用进行辨析、理解和应用。

教学难点:对光的波粒二象性的理解。

五、评价设计

(1)通过让学生对光的几何特性、波动性和粒子性进行知识梳理,考查学生基本知识的掌握能力。

(2)通过学生对光学相关的应用判断,考查学生的理解和辨析能力。

（3）通过学生思维导图的呈现，考查学生对光学大单元掌握情况和对光学知识体系的建构情况。

六、教学活动

教学步骤	教学活动及层次	活动设计意图	评价活动设计
高考导航	教师介绍新高考新课标新教材情境下，重庆高考对光学部分内容的考查情况和分值。	让学生明确高考中光学部分的考查内容、分值。	
觉知	一、光的运动 【知识梳理】 1.折射定律：折射光线与入射光线、法线处在_____内；折射光线与入射光线分别位于法线的两侧；入射角的正弦与折射角的正弦成_____比。 2.折射率：光从_____射入某种介质发生折射时，_____的正弦与折射角的正弦之比，叫作这种介质的绝对折射率，简称折射率。折射率定义式：_____。 3.折射率与光速的关系（折射率决定式）：_____。任何介质的折射率都_____1。 4.全反射现象：当光从光密介质射入光疏介质时，同时发生折射和反射。当入射角增大到某一角度，使折射角达到_____时，折射光完全消失，只剩下反射光，这种现象叫作全反射，这时对应的入射角叫作_____。	通过对学生的抽问，使学生对光的折射、反射、全反射现象进行梳理，巩固几何光学部分的内容，提炼学生的物理观念。	学生通过对光的折射、反射、全反射现象的认识，以及对全反射现象发生的条件理解，巩固基本知识储备的能力。

续表

教学步骤	教学活动及层次	活动设计意图	评价活动设计
觉知	5.临界角与折射率的关系： (1)定量关系：光由某种介质射入空气(或真空)时，$\sin C=$_____。 (2)定性关系：介质的折射率越大，发生全反射的临界角越_____，越容易发生全反射。 6.不同色光的临界角：不同颜色的光由同一介质射向空气或真空时，频率越_____的光，折射率越大，临界角越小，越易发生全反射。 7.全反射应用：全反射棱镜、光导纤维		
调和	【思考辨析】 8.判断题。 (1)光从一种介质进入另一种介质时传播方向一定会变化。(　　) (2)若光从空气中射入水中，它的传播速度一定减小。(　　) (3)只要入射角足够大，就能发生全反射。(　　)	通过学生对三个问题的辨析，让学生对光的折射现象中特殊的垂直入射进行理解，对折射率的决定式的掌握更深，进一步明晰全反射的条件。	通过学生的思辨，考查学生的思维能力，也考查学生对几何光学部分内容的理解能力。
觉知	二、光是一种波 【知识梳理】 1.光的干涉。 (1)频率_____、相位差_____、振动方向_____的两个相干光源发出的光相遇，才能产生稳定的干涉现象。		

续表

教学步骤	教学活动及层次	活动设计意图	评价活动设计
觉知	(2)产生明暗条纹的条件： 相干光源S_1、S_2的相位差为0时（$\|SS_1\|=\|SS_2\|$），即当两个光源到屏上某点的路程差为波长的整数倍，即$\Delta s=$_____时，两列光在这点相互加强，这里出现亮条纹； 当两个光源到屏上某点的路程差为半波长的奇数倍，即$\Delta s=$_____时，两列光在这点相互削弱，这里出现暗条纹。 (3)干涉条纹间距与波长的关系：_____ 2.薄膜干涉的应用：检查平面平整度、增透膜、增反膜。 3.光的衍射： (1)光离开直线路径绕到障碍物阴影里去的现象，叫光的衍射。 (2)产生明显衍射的条件：障碍物或孔的尺寸比光的波长_____。 4.光的偏振： (1)光只沿着某一特定的方向振动，称为光的偏振。 (2)除了从太阳、白炽灯等光源直接发出的光以外，我们通常看见的绝大部分光，都是不同程度的偏振光。 (3)光的偏振也证明了光是一种波，而且是_____波。 (4)应用：照相机的偏振滤光片、3D电影眼镜片。	对光的波动性相关的现象进行梳理，让学生明确光的干涉、衍射和偏振是光的波动性特征现象，明确光的干涉条件和明显衍射现象发生的条件。	通过学生对光的干涉、衍射和偏振现象的认识，以及对光的干涉条件和明显衍射现象发生的条件掌握，巩固基本知识储备的能力。

续表

教学步骤	教学活动及层次	活动设计意图	评价活动设计
调和	【思考辨析】 对下列光学现象的认识,正确的是（　　）。 A.阳光下水面上的油膜呈现出彩色条纹是光的全反射现象 B.雨后天空中出现的彩虹是光的干涉现象 C.用白光照射不透明的小圆盘,在圆盘阴影中心出现一个亮斑是光的折射现象 D.用偏振眼镜看3D电影,感受到立体的影像是因为光的偏振现象	通过学生对选择题的辨析,让学生对光的干涉现象和条件、明显衍射条件、偏振现象进一步明晰和理解。	通过学生的思辨,考查学生的思维能力,也考查学生对波动光学部分内容的理解能力。
觉知	三、光是一种粒子 【知识梳理】 1.爱因斯坦的光电效应理论。 (1)光子:光不仅在发射和吸收时能量是一份一份的,而且光本身就是由一个个不可分割的_____组成的,频率为 ν 的光的能量子为 $\varepsilon=$_____,这些能量子称为光子。 (2)光电效应方程: $E_k=$_____。 (3)两个关系: ①光强→光子数目多→发射光电子多→光电流大; ②光子频率高→光子能量大→产生光电子的最大初动能大。 2.康普顿效应。 (1)康普顿效应:在散射的X射线中,除了与入射波长 λ_0 相同的成分外,还有波长大于 λ_0 的成分,这个现象称为康普顿效应。 (2)光子不仅具有能量,而且具有_____,公式: $p=$_____。	通过对学生的抽问,使学生对光的粒子性现象进行梳理,巩固光学粒子性部分的内容。	学生通过对光电效应、康普顿现象的认识,以及对原子能级跃迁的理解,巩固基本知识储备的能力。

续表

教学步骤	教学活动及层次	活动设计意图	评价活动设计
觉知	3.玻尔原子模型中氢原子能级跃迁：能级跃迁包括辐射跃迁和吸收跃迁，可表示如下。 高能级 $\xrightleftharpoons[\text{吸收光子}]{\text{辐射光子}}$ 低能级		
调和	【思考辨析】 (多选)欲使处于基态的氢原子激发或电离，下列措施可行的是(　　)。 n　　　　　E/eV 5 ────── −0.54 4 ────── −0.85 3 ────── −1.51 2 ────── −3.40 1 ────── −13.6 A.用 10.2 eV 的光子照射 B.用 11 eV 的光子照射 C.用 14 eV 的光子照射 D.用 11 eV 的电子碰撞	通过学生对选择题的辨析，让学生对原子能级跃迁和光电效应现象进一步明晰和理解。	学生通过对光电效应、原子能级跃迁的认识、理解，提升对光的粒子性的理解能力。
归纳、迁移	光的本性： 光的干涉、衍射、偏振现象，说明光具有波动性；光电效应、康普顿效应、玻尔原子模型中氢原子能级跃迁，说明光具有粒子性；光既是由光子组成的粒子流，又是一种电磁波，具有波粒二象性。		

续表

教学步骤	教学活动及层次	活动设计意图	评价活动设计
归纳、迁移	【思考辨析】 (多选)如图甲所示,每年夏季,我国多地会出现日晕现象,日晕是日光通过卷层云时,受到冰晶的折射或反射形成的。图乙为一束太阳光射到六角形冰晶上时的光路图,a、b为其折射出的光线中的两种单色光,下列说法正确的是( )。 A.在冰晶中,b光的传播速度较小 B.通过同一装置发生双缝干涉,a光的相邻条纹间距较大 C.从同种玻璃中射入空气发生全反射时,a光的临界角较小 D.用同一装置做单缝衍射实验,b光中央亮条纹更宽 甲　乙	通过学生对光的波动性和粒子性的分析,强化学生对光的本质——波粒二象性的归纳、理解。	学生对不同颜色的光进行比较,认识光的波长、频率,体会光的波动性和粒子性。
觉知	四、激光 1.特点:激光具有单色性好、相干性好、亮度高、平行度好等特性。 2.应用:激光作为一种人造光源在科研、通信、工业生产、军事科技等领域都有着广泛应用,如激光干涉仪、激光切割机、激光炮等。	让学生了解激光的特点和应用。	
归纳	树状结构图归纳知识点(图略)。	通过大单元的复习设计,和学生一起建构光学部分的思维导图,使学生掌握的光学部分内容体系化。	

续表

教学步骤	教学活动及层次	活动设计意图	评价活动设计
迁移、评价	1.(1)如图所示(图略),在"用双缝干涉测光的波长"实验中,光具座上放置的光学元件依次为①光源、②滤光片、③_____、④_____、⑤遮光筒、⑥光屏。对于某种单色光,为增加相邻亮纹(暗纹)间的距离,可采取_____方法。 (2)转动测量头的手轮,使分划板中心刻线对准第1条亮纹,读出手轮的读数如图甲(图略)。继续转动手轮,使分划板中心刻线对准第10条亮纹,读出手轮的读数如图乙(图略)。则相邻两亮条纹的间距为_____mm。 (3)如果已经量得双缝的间距是0.30 mm、双缝和光屏之间的距离是900 mm,则待测光的波长是____nm。(取三位有效数字) 2.关于自然光和偏振光,以下说法正确的是(　　)。 A.自然光包含着垂直于传播方向上沿一切方向振动的光,但是沿各个方向振动的光波的强度可以不相同 B.偏振光是在垂直于传播方向上,只沿着某一特定方向振动的光 C.自然光透过一个偏振片后就成为偏振光,偏振光经过一个偏振片后又还原为自然光 D.月亮光是自然光		

续表

教学步骤	教学活动及层次	活动设计意图	评价活动设计
迁移、评价	3.图甲是光电效应的实验装置图,图乙是光电流与加在阳极A和阴极K上的电压的关系图像。下列说法正确的是(　　)。 图甲　　图乙 A.饱和电流的大小,由入射光的颜色决定 B.只要增大电压,光电流就会一直增大 C.对某种确定的金属,其遏止电压只由入射光的频率决定 D.不论哪种颜色的入射光,只要光足够强,就能发生光电效应	通过课堂练习,强化学生对光学部分知识的掌握和理解。	检测学生当堂听课的效率和对课堂知识的掌握情况。

七、教学反思与改进

1.教学目标的达成

在复习课中,我明确了教学目标是帮助学生系统地梳理光学知识,加深对重点概念和原理的理解,并提高运用光学知识解决问题的能力。通过课堂提问、练习和小测验等方式,我发现大部分学生能够较好地掌握光学的基本概念,如光的反射、折射、全反射等。然而,在一些较复杂的问题上,如光电效应和原子能级跃迁的综合应用,部分学生仍存在理解不透彻、应用不熟练的情况。这提示我在今后的教学中,要更加注重对难点知识的突破和对学生思维能力的培养。在教学方法的有效性上，我采用思维导图的方式帮助学生构建光学知识体系，使学生对光学的各个知识点有了更清晰的认识和理解。这种方法有助于学生从整体上把握光学知识，提高复习效率。同时，应选择典型的例题进行详细讲解，引导学生分析问题、找出解题思路。在讲解过程中，注重启发学生的思维，鼓励学生积极参与讨论。通过例题讲解，学生对光学知识的应用有了更深刻的体会。

2.教学存在的问题

在教学方法的实施过程中，也存在一些不足之处。例如，在例题讲解时，部分学生参与度不高，可能是因为例题的难度设置不够合理或者讲解方式不够生动。在复习实验时，由于时间有限，无法让学生亲自进行实验操作，这可能会影响学生对实验的理解和掌握。在复习课中，我还观察到学生的学习情况存在一定的差异。部分学生学习态度认真，积极主动地参与课堂互动和练习，对光学知识的掌握较好。而另一些学生则缺乏学习的积极性和主动性，对复习课不够重视，知识掌握不扎实。

3.教学改进措施

（1）优化教学内容：根据学生的实际情况，对复习课的教学内容进行适当调整。对于学生掌握较好的知识点，可以适当减少复习时间，重点复习学生的薄弱环节。

（2）改进教学方法：在例题讲解时，要根据学生的实际水平选择合适的例题，注重讲解的生动性和趣味性，提高学生的参与度。在复习实验时，可以利用多媒体资源，让学生观看实验视频，增强学生对实验的直观感受。

（3）加强个别辅导：对于学习困难的学生，要及时进行个别辅导，帮助他们解决学习中遇到的问题，提高他们的学习信心和成绩。

（4）注重知识的拓展与应用：在复习课中，要适当引入一些与光学相关的实际问题和前沿科技，拓宽学生的知识面，提高学生的学习兴趣和应用能力。

总之，通过光学复习课的教学，我深刻认识到自己在教学中存在的不足之处。在今后的教学中，我将不断反思和改进自己的教学方法，提高教学质量，为学生的学习和发展提供更好的帮助。

高三下学期第四次质量检测试卷评讲

设计人:王正

一、试卷分析

2023届高三下学期第四次质量检测试卷,按板块分析,结果如下:

题号	知识板块	分数	难度	备注	考后实际难度
1	万有引力（开普勒第三定律）	4分	0.8		0.91
2	光学(物理)干涉、折射	4分	0.5		0.58
3	电场	4分	0.5		0.8
4	光学(全反射)	4分	0.65		0.48
5	匀变速直线运动	4分	0.5		0.55
6	共点力的平衡	4分	0.7		0.56
7	机械振动（单摆、共振曲线）	4分	0.5		0.68
8	变压器、电路、电功率	5分	0.65		0.64
9	功能关系、速度关系	5分	0.4		0.71
10	电磁感应中的功能关系	5分	0.3		0.56
说明	1.9题、10题只保留一题,选一个相对简单的多选题。2.选择题没有考查到带电粒子在磁场中运动、曲线运动、电磁感应等问题。3.预测选择题整体难度系数平均低于0.6,要更换部分选择题提高难度。				

续表

题号	知识板块	分数	难度	备注	考后实际难度
11	匀变速直线运动	6分	0.5	本题创新,导致学生审题耗时较长,最好考查教材的实验。	0.62
12	测量电源电动势和内阻	9分	0.5	保留。	0.38
13	热学(加力学平衡)	12分	0.5		0.41
14	电磁感应综合	12分	0.6	建议换掉(后面我预备了一道运动学的题,可以排在第一道解答题)。	0.39
15	动力学、功能关系综合	18分	0.4		0.32

按题号分析,结果如下:

题号	题型	分值	难度	区分度
1	单选题	4	0.91	0.25
2	单选题	4	0.58	0.63
3	单选题	4	0.8	0.4
4	单选题	4	0.48	0.58
5	单选题	4	0.55	0.46
6	单选题	4	0.56	0.6
7	单选题	4	0.68	0.52
8	多选题	5	0.64	0.48
9	多选题	5	0.71	0.59
10	多选题	5	0.56	0.02
11	解答题	6	0.62	0.27
12	解答题	9	0.38	0.39
13	解答题	12	0.41	0.61
14	解答题	12	0.39	0.52
15	解答题	18	0.32	0.43

二、答题情况统计

序号	姓名	总分	校名次	解答题得分	多选题得分	单选题得分	每一题得分													
							1	2	3	4	5	6	7	8	9	10	11	12	13	14	15
1	张×	73	50	39	10	24	4	0	4	4	4	4	4	5	5	0	4	4	12	8	11
2	胡××	62	112	27	11	24	4	4	4	0	4	4	4	3	5	3	4	4	6	4	9
3	刘××	58	143	21	13	24	4	0	4	4	4	4	4	5	5	3	4	2	6	3	6
4	向××	57	149	20	13	24	4	4	4	0	4	4	4	5	5	3	2	4	4	7	3
5	张××	56	156	19	13	24	4	0	4	4	4	4	4	5	5	3	6	2	2	5	4
6	廖××	55	162	18	13	24	4	4	4	4	4	4	0	4	5	3	2	2	2	8	4
7	李××	54	165	20	6	28	4	4	4	4	4	4	4	4	3	0	3	6	2	4	4
8	郭×	54	165	17	13	24	4	4	4	4	4	4	0	4	5	5	3	0	2	4	2	9
9	李××	53	175	22	11	20	4	0	4	4	0	4	4	3	5	3	4	4	4	6	4
10	王××	53	175	18	11	24	4	4	4	4	0	4	3	5	3	4	3	2	6	1	5
11	何×	52	185	23	13	16	4	0	4	0	4	4	5	5	3	4	6	2	7	4
12	余×	51	194	22	13	16	4	0	4	0	4	0	4	5	5	3	2	2	6	7	5

班级和年级的情况对比如下：

	总分	解答题得分	多选题得分	单选题得分	每一题得分													
					1	2	3	4	5	6	7	8	9	10	11	12	13	14	15
班级均分	40.84	15.78	8.98	16.08	3.37	1.65	3.37	1.49	1.88	1.80	2.51	3.2	2.96	2.82	3.06	2.43	3.04	3.45	3.80
年级均分	50.43	22.65	9.57	18.21	3.63	2.33	3.19	1.91	2.19	2.23	2.73	3.22	3.55	2.81	3.75	3.42	4.96	4.71	5.80

三、教学目标设定

(1)统计学生答题和得分亮点,分享成功经验。

(2)总结典型错误,查找知识漏洞。

(3)精选讲评试题,落实能力过手。

(4)适当迁移变式,促使素养达成。

四、教学重难点

(1)几何光学在光纤情境模型中的应用。

(2)振动和波动之间的关联性质和具体运算。

(3)机车启动情境中 $P=Fv$ 公式的灵活运用。

(4)热学中的"两团气"问题情境。

五、评价设计

(1)统计学生答题和得分亮点,让学生分享成功经验,老师给予积极客观的评价。

(2)展示典型试卷,总结典型错误,查找知识漏洞,积极点评互评。

(3)精选讲评试题,落实能力过手。抽学生上台板演,老师做出积极评价。

(4)适当迁移变式,促使素养达成。让学生独立完成变式,掌握情况后做出积极评价。

六、教学活动

步骤用时	教学活动及层次	活动设计意图	评价活动设计
10 min	1.介绍年级最高分和平均分，与班级进行对应项目比较，找差距和亮点。 2.分析优生答题特点。 3.优生代表交流应试体验。	1.让学生找准自己的位置，分析自己在本学科的优势与劣势。 2.向身边的榜样学习。 3.提升应试技巧。 4.诊断学生存在的具体问题。	1.表扬优生，落实到人头，让学生体验成功。 2.批评现象，让学生尽可能地减少过失性丢分。 3.让学生自己比较应试体验。
10 min	1.让正确作答第3题的学生解读并讲解第3题。 2.抽错误作答第3题的学生在黑板上完成第3题的变式题。	1.觉知、调和。 2.知识迁移。	1.在知识点调和、归纳中积极鼓励学生，使其达成能力迁移。 2.展示学生的书写能力素养。
10 min	1.让正确作答第7的学生解读并讲解第7题。 2.抽错误作答第7题的学生在黑板上完成第7题的变式题。	1.觉知、调和。 2.知识迁移。	1.在知识点调和、归纳中积极鼓励学生，使其达成能力迁移。 2.展示学生的书写能力素养。
10 min	1.让正确作答第13题的学生解读并讲解第13题。 2.抽错作答第13题的学生在黑板上完成第13题的变式题。	1.觉知、调和。 2.知识迁移。	1.在知识点调和、归纳中积极鼓励学生，使其达成能力迁移。 2.展示学生的书写能力素养。

七、板书设计

高三下学期第四次质量检测试卷评讲

一、得分亮点:共有2个选择题达年级平均分。

二、突破冷知识点:回归教材,用最大精力和时间做好所有简单的题。

三、夯实主干知识:13、14题得分率偏低。

八、作业与拓展学习活动设计

(略)

九、教学反思与改进

(1)通过这次月考,全真模拟高考的流程和难度,增加学生的临考体验。

(2)从考生的角度和重庆新高考方向思考命题的难度。

(3)结合答题情况进行二阶诊断,明确后期复习的方向和重点。

第二篇

化学

教研室概况

一、教研室整体介绍

重庆市第二外国语学校化学教研室现有在职教师25人,其中特聘正高级教师1人,高级教师10人,市级骨干教师2人,区级骨干教师2人。教研室教师团队年龄结构合理,是一支老中青搭配、素质过硬的优秀教研团队。近几年所进教师为毕业于清华大学、华东师大、陕西师大、四川大学、西南大学等名校的研究生或者本科生。近三年获得重庆市各类赛课一等奖5人次,区级一等奖6人次;入选部级课例2人次、市级3人次;近一年市级课题结题1个、区级课题结题2个,在研市级课题2个;多位老师的论文在各层级刊物上发表;在化学竞赛中指导学生多人获得重庆市一等奖、二等奖,为知名高校输送优秀学子做出了贡献。

二、教研组教育教学获奖及教科研成果介绍（2021—2023年）

教研组教育类获奖一览表

获奖人	获奖名称	奖项等级
霍淑蓉	2023年度南岸区优秀教师	区级
霍淑蓉	2023年雪松名师	校级
刘英慧	2022年雪松名师	校级
刘英慧	2023年南岸区优秀班主任	区级
岑远康	2021年雪松名师	校级

教研组教研类获奖一览表

获奖人	获奖名称	奖项等级
李才猛	2021年"互联网+"大学生创新创业大赛优秀指导教师	国家级
李才猛	2022年雏鹰计划优秀指导教师	市级
张明敏	重庆市中考化学评卷指导委员	市级
张明敏	重庆市优秀阅卷老师	市级
刘英慧	2021年重庆市论文评选	二等奖
郑莎莎	2021年重庆市论文评选	一等奖
王晶辉	2023年重庆市化学学术论文比赛	一等奖
张明敏	2023年重庆市论文比赛	二等奖
游婷	2024年重庆市化学学术论文比赛	一等奖

教研组教学类获奖一览表

获奖人	赛事名称	奖项等级
霍淑蓉	2023年指导学生参加化学奥林匹克竞赛	一等奖
郭萍	2023年指导学生参加化学奥林匹克竞赛	一等奖
张明敏	2023年教育部基础教育精品课	部级优课
张明敏	2022年重庆市中学化学双语优质课比赛	一等奖
张明敏	2022年重庆市中学化学双语教学设计比赛	一等奖
张明敏	2022年重庆市高中化学说播课大赛	二等奖

续表

获奖人	赛事名称	奖项等级
张明敏	2022年南岸区说播课大赛	一等奖
王晶辉	2022年重庆市中学化学说课比赛	一等奖
曹芸	2022年南岸区作业设计大赛	二等奖
曹芸	2023年南岸区优质课大赛	一等奖
曹芸	2023年重庆市实验说课比赛	一等奖
曹芸	2023年重庆市优质课大赛	二等奖
翁玲	2022年重庆市中学化学双语优质课比赛	一等奖
刘英慧	2022年南岸区说播课大赛	一等奖
刘英慧	2021年渝川黔三地深度学习课堂教学改革学术论坛说课比赛	一等奖
刘英慧	2022年南岸区作业设计大赛	二等奖
岑远康	2022—2023年南岸区作业设计大赛	一等奖
李才猛	2022—2023年南岸区作业设计大赛	一等奖
彭诗然	2023年重庆市优质课大赛	一等奖

教研组教研课题一览表

课题成员	课题名称	课题级别
霍淑蓉(主持)	新高考背景下高中选科走班制研究	区级
霍淑蓉(主持)	高中化学课堂教学中落实核心素养的策略研究	区级
李才猛(主持)	基于走班条件下化学学困生差异化教学实践研究	市级
王晶辉(主研)	基于核心素养的高中化学问题导学法应用研究	市级
郭萍(主研)	新高考背景下高中选科走班制研究	区级
郭萍(主研)	高中化学课堂教学中落实核心素养的策略研究	区级
岑远康(主研)	重庆市初中化学教师专业发展现状及建设研究	国家级
岑远康(主研)	高中化学新教材培训需求针对性研究	国家级
李才猛(主研)	中学依托高校无缝衔接培育高中生创新素养实践研究	市级

学科理论基础

一、化学学科课标要求及核心素养概述

随着国际课程改革的兴起,教育部于2014年3月印发《教育部关于全面深化课程改革 落实立德树人根本任务的意见》,该文件正式将培养学生的核心素养作为教育的根本目标。核心素养是指一个人在知识社会中自我实现、社会融入以及就业所需要的素养,其中包括知识、技能与态度。高中化学学科核心素养包括"宏观辨识与微观探析""变化观念与平衡思想""证据推理与模型认知""科学探究与创新意识""科学态度与社会责任"5个维度。化学学科核心素养是学生发展核心素养的重要组成部分,是学生综合素质的具体体现,反映了社会主义核心价值观下化学学科育人的基本要求,全面展现学生通过化学课程学习形成的关键能力和必备品格。宏观辨识与微观探析要求学生能从元素和原子、分子水平认识物质的组成、结构、性质和变化,能从宏观和微观相结合的视角分析与解决实际问题。变化观念与平衡思想的素养要求是能多角度动态分析化学反应,运用化学反应原理解决实际问题。证据推理与模型认知的素养要求是能运用模型解释化学现象,揭示现象的本质和规律。科学探究与创新意识的素养要求是能发现和提出有探究价值的问题,能从问题和假设出发,确定探究目的。科学态度与社会责任的素养要求是能对

化学有关的社会热点问题做出正确的价值判断,并利用化学知识为社会服务。对于核心素养的课程改革如何在教学中落地,有学者在对核心素养课程目标确立的价值进行分析的基础上,提出采用分层结构来诠释核心素养,实现从教育理想到教育实践的贯通。中小学教师也在学科教学层面上对核心素养课程的落实进行了探索。

二、基于课标的深度学习理论阐述

深度学习是一种基于理解,指向结构化知识获得、高阶思维培养、迁移能力发展的学习策略。郭华教授认为,深度学习是指在教师引领下,学生围绕具有挑战性的学习主题,全身心积极参与、体验成功、获得发展的有意义的学习过程。在这个过程中,学生掌握学科的核心知识,理解学习的过程,把握学科的本质及思想方法,形成积极的内在学习动机、高级的社会情感、正确的价值观,成为既具有独立性、批判性、创造性,又有合作精神、基础扎实的优秀学习者,成为未来社会实践的主人。开展深度学习,需要一一落实深度学习的四要素:挑战性学习主题、深度学习目标、深度学习活动、持续性评价。

深度学习作为一种重要的学习理论,自提出以来,受到学界的广泛关注,在化学教育中也得到理论和实践方面的积极探索。深度学习的理论基础主要包含以下几个方面:

(1)建构主义理论。建构主义理论集多种认知理论于一体,对教学改革具有重要的指导作用,也为深度学习的发展提供了丰富的理论来源。皮亚杰认为每个个体都有自身独特的认知结构,称其为"图式",个体与环境互动可以分为图式的同化和顺应两个过程,个体通过这种与外部环境互动的过程建构自身的知识结构。基于这一观点,建构主义学习理论认为,学习是学习者主动建构新知识,并将已有知识进行重组的过程,是学习者同外部环境交互作用的结果,强调学习的情境性、学习者的主动建构性和社会互动性。因此,在建构主义理论指导下的深度学习十分强调学生是教学活动的主体,重视学生的学习起点,做好学生已有的知识经验和新知识的衔接,以实现知识的意义建构。

(2)情境认知理论。情境认知理论认为,学习的本质是学习者在实践中与外部环境和他人相互作用的过程,知识是学习者与情境互动的产物,学习者在学习的过程中社会水平和实践能力得到提升。情境认知理论主张创建真实适切的学习情境,借此在教学中实现知识的建构与学习者发展的统合,提升学习者将所学知识运用至真实生活情境的迁移能力。深度学习也体现了这些特征,注重真实情境的创设,注重学习者与同伴的交流协作,提倡组建学习共同体,通过解决具有一定挑战性的问题,加强对知识的理解和迁移。情境认知理论作为深度学习的重要理论根据,为深度学习的发展奠定了坚实的理论基础。

(3)元认知理论。元认知理论认为元认知包含元认知知识、体验和技能三个基本要素。元认知本质上是个体对学习和思维等认知活动的一种自我监视与调控,即元认知的认知对象就是认知活动本身,这是自我意识发展到一定高度所产生的结果。元认知理论认为学习者在一定程度上能够对自身的思维和学习活动进行及时的反省,从而运用策略对其进行有效的把控。当代认知心理学将反思归入了元认知的概念范畴。元认知理论可以培养学习者的自主性,在深度学习中利用元认知策略可以有效提升学生的反思和评价能力。

三、化学学科的深度学习研究概述

化学深度学习是指学生在教师的指导下,围绕富有挑战性的学习主题,以化学实验为基础,开展各种探究活动。从宏观—微观整合和变化守恒的角度,使用证据推理和模型认知的思维方式,解决复杂问题,获取结构化的化学核心知识,建立利用化学知识解决问题的模型,培养科学探究和创新意识、科学态度和社会责任感,促进化学核心素养的发展。化学深度学习目标强调在获得化学核心知识的基础上发展化学核心素养;其学习过程强调独特的化学学习活动——以化学实验为基础的各种探究活动,实现学生学习方法的转变,让学生完成富有挑战性的任务;最后其学习结果强调对化学思维方法的理解和应用。

如何设计基于素养导向的深度学习的化学教学?深度学习提倡单元学习主题的教学。单元学习主题是课程实施的单元。它以学科的核心素养进阶为目标,整合相关教学内容,以促使学习目标、学习情境、学习活动和学习评价的一致性。胡玖华等认为,深度学习教学设计的步骤应包括以下几个方面。

(1)确定单元学习主题,可以从以下维度实施:①明确核心知识,构建核心框架。②挖掘知识承载的核心素养。③承载核心知识的实际任务和问题。④调查学习情况,关注学生的学习需求。

(2)确定单元的学习目标。

(3)整体规划单元学习主题教学。

(4)设计单元学习主题活动。

(5)设计持续评估方案。

结合深度学习的已有研究,国内学者对深度学习的化学教学也进行了大量的研究。苏香妹提出教师可以通过结合宏观现象与微观结构,来帮助学生构建认知模型,归纳总结相关化学知识,最后把理论知识与化学实验相结合,让学生达到深度学习,从而培养学生的化学核心素养。何翔就化学概念的深度学习提出了相关教学策略,指出要想促进化学概念深度学习,培养学生学科思维是很重要的。王春阳认为深度学习要基于真实情境,学生要学会用批判的方式来解决复杂问题,教师要通过评价引导学生调整学习状态、方法,最后达到深度学习。葛存凤提出了促进化学深度学习的相关建议,主要有紧抓核心概念、模拟实际问题情境、善用新型实验技术、注重效果评价。胡丽艳认为化学的深度学习要把核心概念当作教学的中心,运用特定的教学方法,带领学生去理解问题的本质,最后通过评价了解学习情况。卢天宇提出"目标先行"的逆向教学设计,通过串联问题促进深度学习。余学智提出可以通过对比分析、认知冲突、深度探究、实验教学、思维导图来解决化学学习中遇到的思维定式、理解定式、记忆定式、直觉定式、类比定式这五大问题。李玉敏就化学元素化合物的深度学习提出三点教学策略,分别是教师要实现知识的关联、创设教学互动情境、加强薄弱环节教学。王秀阁对促进高中化学实验深度学习的教学进行改进与论证,并提出要想让高中生在化学实验中达到深度学习就要构建真实的实验情境,使实验流程的展示更通俗易懂,使实验贯穿整个课堂教学。

通过对化学深度学习相关文献的系统梳理,可以将其分为理论研究、策略研究、课例研究三个方面。深度学习教学改进项目化学学科组基于对深度学习的概念界定,结合化学学科的特点和相关的教学实践研究,进一步明确了化学深度学习的内涵。徐宾认为深度学习是一种以高阶思维发展为基础的理解性学习,提出了要把握好教学的"五个度",在化学教学中要有的放矢地处理深层学习和浅层学习的关系,围绕目标制定、情境创设、方法实施、教学反思、教学评价等各个方面制定教学策略,以提升学生深度学习的效果。刘岩和张发新指出深度学习对化学教学具有重要功能价值,对深度学习在化学教学中的特点进行了介绍,分析了化学深度学习的核心要素,并提出了在化学教学中如何指导学生进行深度学习。胡久华阐述了如何以教学内容、活动和结果为依据判断教学案例是否符合深度学习,还提出了设计化学深度教学的一般流程,该流程包括确立学习主题、制定主题学习目标和主题规划、设计学习活动、进行持续性评估四个步骤。化学学科深度学习的相关研究包含了不同类别的课型。徐军通过对教材中的无机工艺流程图的改编,挖掘教材中的素材进行整合,依托真实情境对元素化合物等知识进行综合复习。通过对深度学习研究的相关文献的分析,我们发现国外关于深度学习的理论研究较为成熟、系统,但在实践研究方面还有待完善,其实践对象更偏向于大学生,与基础教育的结合度不高。国内的研究起步相对较晚,关于深度学习理论研究的系统性有待加强;实践研究的范围较广,在基础教育的不同学科与不同学段都有相关的研究。化学深度学习的理论研究仍缺乏实践支撑,虽然已有一些教学案例研究,但分布较为零散,没有形成一定的规模和体系。在实践研究中,大多数学者提出了促进深度学习的教学策略,但关于教学策略有效性检验的实证研究较少。除此之外,在中学一线教学中,教师和学生对于深度学习理念的认知水平总体不高,深度学习的理论在实际教学中并没有被大面积贯彻执行,化学深度学习的实践应用和理论研究还存在一定的距离。

教学范式

一、深度学习下的化学实验课教学范式

1. 指向深度学习的化学实验课教学的理论基础

化学实验课可以采用体验式学习的方式来开展。体验学习理论是指教师在教学中运用情境导向的方法来激发学生的学习热情与积极性,让学生在真实的情感和体验中,掌握所学知识。体验学习理论的运用,使教师的角色由传统的教书匠变为学生学习的引导者。教师不再是简单传授书本上的知识,而是借助身边可视、可听、可感的教学媒体帮助学生在体验之前做好充分的准备工作,引导学生全身心地投入学习活动中。通常人们只是将学习狭义地理解为学生在课堂上学习知识,忽略了知识的运用,也忽略了多种多样的学习方法。其实,知识的获取方式是多种多样的,譬如可通过实践来获得知识,通过实践获得的知识记忆更加牢固。在体验理论的基础之上,著名学者大卫·库伯(David Kolb)提出了体验学习圈理论,包括具体体验、反思观察、抽象概括和行动应用四个步骤。根据这四个步骤对学生进行教育能够做到有章可循,层层递进。

2.化学实验课特点

高中化学实验课是高中化学教育的重要组成部分。化学实验不仅丰富了课堂教学的内容，还提升了学生的动手能力和科学素养。与其他学科相比，化学实验课有其独特的特点，这些特点使得化学学习更加生动有趣，同时也对学生提出了更高的要求。

(1)实验内容丰富

高中化学实验课的内容涵盖了基础化学、无机化学、有机化学以及结构化学等多个领域。实验内容既有基础性的验证实验，如酸碱中和反应、氧化还原反应等，也有综合性的探究实验，如化学反应速率、化学平衡等。这些实验不仅巩固了学生对理论知识的理解，还培养了他们的实验设计和分析能力。

(2)教学方法灵活多样

在高中化学实验课上，教师通常采用多种教学方法，以激发学生的学习兴趣和提高教学效果。常见的方法包括演示实验、分组实验、探究实验等。演示实验由教师进行，目的是让学生观察和理解实验现象；分组实验是学生自己动手操作，通过合作学习来完成实验任务；探究实验则强调学生的自主性，鼓励他们提出问题、设计实验并得出结论。这些多样化的教学方法，使得化学实验课更加生动有趣，同时也提升了学生的学习积极性和参与度。

(3)学生积极主动参与

在化学实验课上，学生是实验的主体，他们需要积极主动地参与到实验过程中。这不仅要按照实验步骤操作，还需要观察、记录实验现象，分析和解释实验结果。通过亲自动手操作，学生能够更直观地理解化学原理，加深对知识的记忆。此外，实验过程中遇到的问题和挑战，也能够锻炼学生的思维能力和解决问题的能力。

(4)安全管理严格

化学实验涉及各种化学药品和仪器设备,具有一定的危险性。因此,高中化学实验课对安全管理有着严格的要求。教师在实验前会详细讲解实验的安全注意事项,包括药品的正确使用方法、实验室的操作规范等。学生在实验过程中必须严格遵守这些规定,确保自身和他人的安全。实验结束后,还需要进行实验室的清洁和药品的回收处理。安全管理的严格要求,不仅能保护学生的安全,也能培养他们的安全意识和责任感。

(5)实验设备先进

随着科技的发展,高中化学实验室的设备在不断更新和完善。现代化的实验设备不仅提高了实验的准确性和可靠性,也使得一些过去难以进行的实验成为可能。例如,电子天平、光度计、气相色谱仪等先进仪器的引入,使得学生能够进行更为精确和复杂的实验操作。这些先进设备的使用,不仅能提升学生的实验技能,也能让他们了解现代化学研究的前沿技术。

(6)实验评价体系科学

为了更好地评价学生在化学实验课上的表现,高中化学实验课建立了科学的评价体系。这一体系不仅包括实验操作的准确性和结果的正确性,还包括实验报告的撰写、实验态度和安全意识等多个方面。通过全面的评价,教师能够了解学生在实验中的优点和不足,进而有针对性地进行指导和改进。科学的实验评价体系,不仅可以激发学生的学习积极性,也能促进他们实验技能的全面发展。

综上,高中化学实验课作为化学教学的重要组成部分,其独特的特点使得它在学生的学习过程中发挥了不可替代的作用。丰富多样的实验内容、灵活多样的教学方法、学生积极主动的参与、严格的安全管理、先进的实验设备以及科学的评价体系,共同构成了高中化学实验课的特点。这些特点不仅能提升学生的化学素养,也能培养他们的实践能力和科学精神,为他们未来的学习和发展奠定坚实的基础。

3.化学实验课的教学范式

基于深度学习的实验课以情境认知理论、建构主义理论及元认知学习理论为基础,将知识学习从知识本身向思维培养转变,培养学生学会迁移及解决问题的能力,以真正培养出具有深刻、流畅、新颖、独立思维的"素养人"。通过实践研究我们发现POEC的教学策略非常适合深度学习理念的落实。

POEC教学策略是"预测(Prediction)—观察(Observation)—解释(Explanation)—比较(Comparison)"的简称,是邱美虹教授提出的培养学生思维能力的高中化学实验课堂教学策略。

预测环节(P):教师在学生已有知识体系的基础上创设情境,并让学生依照所学知识进行预测,从而做到温故知新,并激发学生的学习兴趣。

观察环节(O):通过演示实验或者学生自主实验等不同方式让学生观察实验,并记录实验现象,培养学生实验操作能力及观察分析归纳能力。

解释环节(E):教师及学生对所观察的实验现象进行思考和分析,通过共同探讨得出科学的解释,从而形成新的认识。

比较环节(C):引导学生将新旧知识进行比较,进行知识体系的构建。

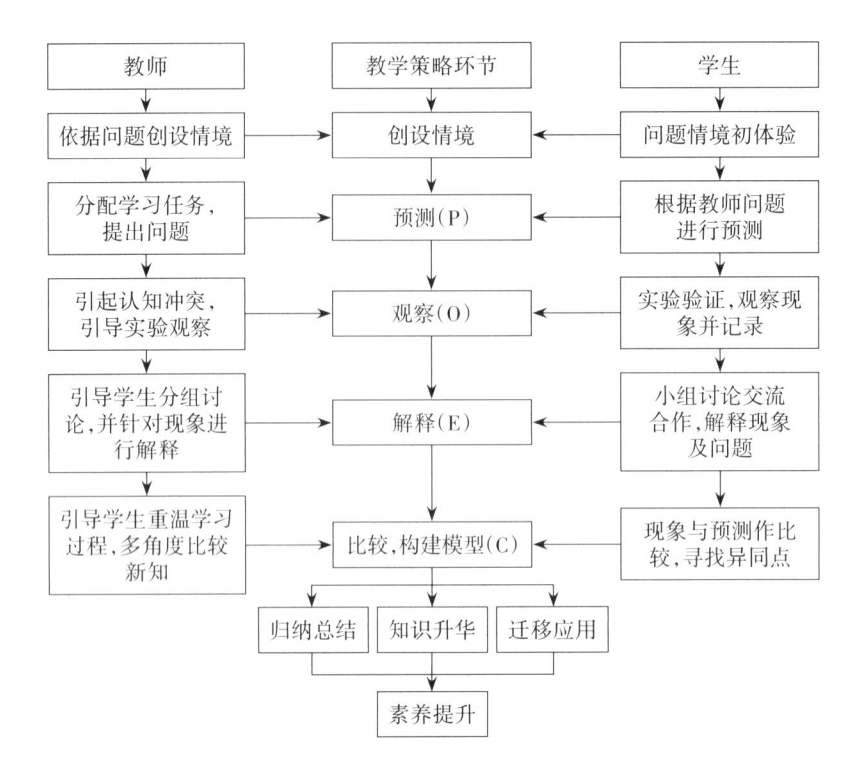

```
┌──────────────┐      ┌──────────────┐      ┌──────────────┐
│    教师      │      │ 教学策略环节 │      │    学生      │
└──────────────┘      └──────────────┘      └──────────────┘
        │                     │                     │
┌──────────────┐      ┌──────────────┐      ┌──────────────┐
│依据问题创设情境│────▶│  创设情境   │◀────│问题情境初体验│
└──────────────┘      └──────────────┘      └──────────────┘
                             │
┌──────────────┐      ┌──────────────┐      ┌──────────────┐
│分配学习任务， │────▶│   预测(P)   │◀────│根据教师问题  │
│提出问题      │      │             │      │进行预测      │
└──────────────┘      └──────────────┘      └──────────────┘
                             │
┌──────────────┐      ┌──────────────┐      ┌──────────────┐
│引起认知冲突， │────▶│   观察(O)   │◀────│实验验证，观察│
│引导实验观察  │      │             │      │现象并记录    │
└──────────────┘      └──────────────┘      └──────────────┘
                             │
┌──────────────┐      ┌──────────────┐      ┌──────────────┐
│引导学生分组讨│────▶│  解释(E)    │◀────│小组讨论交流  │
│论，并针对现象│      │             │      │合作，解释现象│
│进行解释      │      │             │      │及问题        │
└──────────────┘      └──────────────┘      └──────────────┘
                             │
┌──────────────┐      ┌──────────────────┐  ┌──────────────┐
│引导学生重温学│────▶│比较，构建模型(C) │◀│现象与预测作比│
│习过程，多角度│      │                  │  │较，寻找异同点│
│比较新知      │      │                  │  │              │
└──────────────┘      └──────────────────┘  └──────────────┘
                             │
              ┌──────────────┼──────────────┐
        ┌──────────┐  ┌──────────┐  ┌──────────┐
        │ 归纳总结 │  │ 知识升华 │  │ 迁移应用 │
        └──────────┘  └──────────┘  └──────────┘
                             │
                      ┌──────────┐
                      │ 素养提升 │
                      └──────────┘
```

基于深度学习的实验课教学范式

二、深度学习下的元素化合物课型教学范式

1.元素化合物教学范式理论基础

元素化合物的教学有利于深化基础知识、促进知识系统化，是提升能力及培育素养的一个重要环节。元素化合物知识是化学课程内容的重要组成部分，其内容多而杂，学生的学习容易碎片化。《普通高中化学课程标准（2017年版2020年修订）》提倡教师创设真实问题情境，使学生能根据实际条件运用所学化学知识和方法解决实际生产生活中的化学问题。新高考命题的特点是立足化学学科特点，注重选取真实情境，深化对关键能力的考查，提升学科核心素养考查的有效性。深度学习理论倡导大单元学习，这就决定了元素化合物知识的学习要避免知识的碎片化和孤立化，应在真实情境中呈现系统化、脉络化、整体化。

图式理论认为每个学习者的脑海中都有自己的图式,会将获得的新知识与已有的知识进行整合,形成新的认知图式,从而使学习者的认知结构体系不断完善。图式能够将新知识和已有知识进行归纳和整合,形成知识体系,从而减轻学习者的认知压力。根据学生的已有知识基础,建构关于元素化合物的价-类二维模型,有助于学生循序渐进地理解知识及其结构体系,最终形成直观性强、逻辑水平高的认知结构。基于此,在元素化合物教学中应用价-类二维模型,能够对烦琐复杂的知识抽丝剥茧,形成一个明晰的知识体系,从而推动学生学科思维得到进一步发展。

2.元素化合物课型特点

高中化学中的元素化合物课型,是化学学习的基础与核心之一,特点鲜明且内容丰富。该课程类型侧重于对自然界中广泛存在的化学元素及其形成的化合物进行深入探究,旨在帮助学生构建化学知识框架,理解物质结构、性质与变化之间的内在联系。

(1)具有广泛性和基础性。元素化合物覆盖了从主族元素到过渡元素的众多化学元素,以及这些元素形成的无机物和有机物,为学生后续深入学习化学反应原理、物质结构等更高层次知识奠定坚实基础。

(2)实践性强。通过实验观察、操作与分析,学生能够直观感受元素及其化合物的物理性质和化学性质,如颜色、气味、溶解性、化学反应等,从而加深对理论知识的理解与记忆。

(3)知识网络复杂且联系紧密。元素化合物之间往往存在转化关系,如氧化还原反应、酸碱中和反应、复分解反应等,这些反应不仅揭示了元素化合物的变化规律,也展示了物质之间相互作用的多样性。

(4)注重培养逻辑思维和问题解决能力。通过元素化合物的学习,学生需要学会运用化学知识分析实际问题,如环境污染治理、新材料开发等,从而培养科学思维和创新能力。

综上所述，高中化学元素化合物课型以其广泛的基础性、强实践性、复杂的知识网络和注重能力培养等特点，在化学教育中占据重要地位。

3.元素化合物课型的教学范式

基于深度学习的元素化合物课堂可以融合学科知识选取真实的情境素材，以问题解决为载体培养学生核心素养，利用任务驱动助力学生思维发展，采用"价-类-用"三维图构建的元素化合物的认知模型解决实际问题的四个步骤来进行课堂教学实践探索。

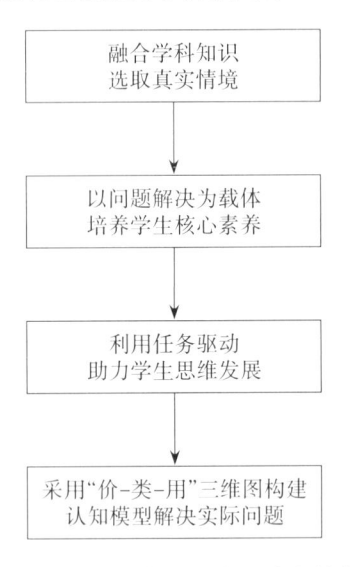

```
┌─────────────────┐
│  融合学科知识    │
│  选取真实情境    │
└────────┬────────┘
         ↓
┌─────────────────┐
│ 以问题解决为载体 │
│ 培养学生核心素养 │
└────────┬────────┘
         ↓
┌─────────────────┐
│  利用任务驱动    │
│ 助力学生思维发展 │
└────────┬────────┘
         ↓
┌──────────────────────┐
│采用"价-类-用"三维图构建│
│ 认知模型解决实际问题  │
└──────────────────────┘
```

基于深度学习的元素化合物课型的教学范式

三、指向深度学习的化学基本概念课教学范式

1.化学基本概念课的理论基础

化学基础理论教学是高中化学基础知识教学的重要内容，可以使学生掌握规律性知识，深入理解物质的内在联系，从本质上认识与理解化学现象和事实，获得系统化、网络化的知识，以便举一反三，触类旁通，培养能力，发展智力，学习科学方法，对元素化合物知识的学习起指导作用。高中化学教材中的基础理论知识大体上包括：

(1)物质结构理论,如原子结构、分子结构、晶体结构等。

(2)物质的状态和分散系,如物质的三态和溶液、浊液、胶体等。

(3)化学反应规律性知识,如化学反应与能量、反应速度、化学平衡等。

(4)化学定律,如质量守恒定律、阿伏伽德罗定律等。

这些基础理论知识中包含了大量的化学基本概念。

2. 化学基本概念课的特点

高中是学生接触化学世界的重要阶段,其基本概念和理论的学习为学生理解和应用化学知识奠定了坚实的基础。化学基本概念理论课作为高中化学教学的核心部分,具有以下几个显著特点:

(1)系统性与逻辑性

高中化学基本概念课的一个显著特点是其系统性和逻辑性。化学是一门具有高度逻辑性的学科,许多概念和原理之间存在紧密的联系。例如,原子结构、元素周期表、化学键等概念是相互关联的,学生在学习过程中需要从宏观到微观,再从微观到宏观,系统地理解这些概念。这种系统性要求教师在授课过程中注意知识的衔接和延续,使学生能够逐步建立起完整的化学知识体系。

(2)理论性与抽象性

化学基本概念往往具有较强的理论性和抽象性。例如,分子结构、化学键、化学反应中的能量变化等概念,学生难以通过直接观察和体验来理解。这就要求教师在授课过程中善于利用模型、多媒体等教学手段,将抽象的化学概念形象化、具体化,帮助学生更好地理解和掌握。

(3)实验性与实践性

尽管基本概念课以讲解概念和原理为主,但化学是一门以实验为基础的学科。在高中化学教学中,实验不仅是验证理论的重要手段,也是培养学生动手能力和科学探究精神的重要途径。在基本概念课上，教师可以通过演示实验或者引导学生做简单的实验，激发其学习兴趣，帮助他们将理论知识与实际现象相结合，提高学习效果。

（4）知识的交叉性与综合性

高中化学基本概念课还体现了知识的交叉性与综合性。化学与物理、生物、地理等学科有着紧密的联系。例如，化学中的能量变化与物理中的热力学原理有密切关联，化学反应中的元素循环与生物学中的生态系统密不可分。在教学过程中，教师需要注重学科之间的联系，帮助学生建立综合的知识网络，培养他们的综合运用能力。

（5）逻辑推理与问题解决

化学学习不仅仅是记忆概念和原理，更重要的是培养学生的逻辑推理能力和问题解决能力。在基本概念课上，教师可以通过设置问题情境，引导学生进行逻辑推理，应用所学知识解决实际问题。例如，在讲解化学反应速率和化学平衡时，教师可以设计一些典型的实际问题，让学生通过分析和计算来找到解决方案。这不仅有助于学生巩固知识，还能提高他们的思维能力和创新能力。

（6）科学素养的培养

化学教育不仅是知识的传授，更是科学素养的培养。在高中化学基本概念理论课上，教师应注重科学方法的传授和科学态度的培养。例如：通过介绍化学史上的重要发现和科学家的贡献，激发学生的求知欲和探索精神；通过科学实验和探究活动，培养学生的严谨态度和实事求是的精神。这些都对学生未来的发展有着深远的影响。

3.化学基本概念课的教学范式

深度学习是一种基于理解，指向结构化知识获得、高阶思维培养、迁移能力发展的学习策略。郭华教授认为，深度学习是指在教师引领下，学生围绕具有挑战性的学习主题,全身心积极参与、体验成功、获得发展的有意义的学习过程。在这个过程中,学生掌握学科的核心知识,理解学习的过程,把握学科的本质及思想方法,形成积极的内在学习动机、高级的社会情感、正确的价值观,成为既具有独立性、批判性、创造性又有合作精神,基础扎实的优秀学习者,成为未来社会实践的主人。结合基本概念课的理论基础和课型特点,化学基本概念课建议采用以下教学范式:

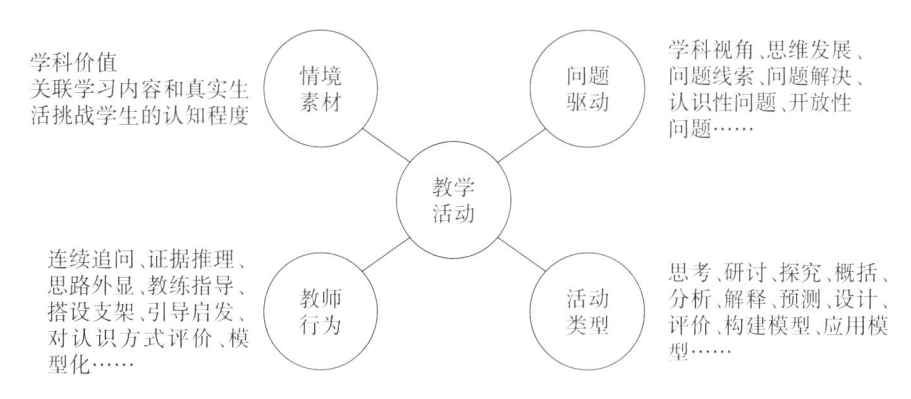

学科价值
关联学习内容和真实生活挑战学生的认知程度

情境素材

问题驱动

学科视角、思维发展、问题线索、问题解决、认识性问题、开放性问题……

教学活动

连续追问、证据推理、思路外显、教练指导、搭设支架、引导启发、对认识方式评价、模型化……

教师行为

活动类型

思考、研讨、探究、概括、分析、解释、预测、设计、评价、构建模型、应用模型……

基于深度学习的化学基本概念课的教学范式

四、指向深度学习的高三化学项目式复习课教学范式

1. 高三化学项目式复习课教学的理论基础

(1) 建构主义理论

项目式学习最早起源于建构主义教学理论,强调知识需要在一定的文化情境中,通过与教师、同伴等人协作和交流,建构自己的认知。建构主义认为知识是主观性的,学生学习知识的过程是通过对客观世界的感知形成的,与知识的个体经验有着不可分割的联系。从教学的角度来看,建构主义认为知识的传授不是单一的教师面向学生的过程,而是在教师与学生的相互交流中产生的。建构主义学习理论对指向深度学习的项目式复习的教学起到了理论支撑的作用。基于建构主义学习理论的高三化学项目式复习课要求学生在真实的情境中,与教师、学生进行

交互学习，主动对所学习的问题进行学习和思考，能将当前学习内容所反映的事物与自己的已有经验相联系，对知识进行整合，自主建构化学概念、原理；通过问题的解决，加深对知识的深入理解，面对新问题时，学会迁移，能从多个角度进行思考，形成问题解决的清晰思路和模型，运用学过的知识进行推理。学生在此过程中实现深度学习，提升化学核心素养。

（2）认知学习理论

布鲁姆将认知领域的目标分为识记、理解、运用、分析、综合和评价六个层次。不同的知识需要的加工程度是不一样的，这让我们能决定分配到不同知识上的精力和时间，而不必面面俱到、同等对待。六个层次是逐渐深化、环环相扣的，六个层次既是评价标准，也是对照标准。我们可以通过这六个层次来衡量对知识的掌握程度。前两层次是低阶思维，属于浅层学习，后四层次是高阶思维，属于深度学习。传统的教学只注重知识的记忆和理解，而现代教育要求学生在记忆和理解的基础上对知识进行"应用、分析、评价、创造"，促进学生形成深度理解、综合应用的深层学习。注重高阶思维的知识分类理论，为深度学习理论打下了基础，明确了深度学习的目标与方向，提高了理论的科学性，同时也阐述了深度学习追求高阶思维的内在原因。

（3）多元智能理论

加德纳的多元智能理论提出"知识能力必须在特定的文化背景或社区中以解决问题或生产问题的能力来体现"，并且提出智能包括语言智能、逻辑-数学智能、空间智能、肢体-动觉智能、音乐智能、人际智能、内省智能和自然观察智能。指向深度学习的项目式复习是多元智能理论倡导的一种教学方式，倡导学生综合利用所学知识解决陌生、复杂的问题。项目实施过程中学生调用结构化的学科知识和技能、学科思维方式以及学科价值观念解决项目问题,形成能够迁移应用的、解决一类问题的思路和模型。项目式复习注重情境化教学、多元化培养模式,且重视学生的反省能力、解决问题能力和创新能力等多元智能的培养。

2. 高三化学项目式复习课的特点

(1)情境驱动,激发兴趣

此类复习课围绕真实情境展开,通过构建贴近生活的化学问题,如环境保护、新材料开发等,激发学生的学习兴趣,使学习过程更具吸引力和代入感。

(2)任务驱动,主动学习

教师设计一系列具有挑战性的任务,引导学生在真实情境中自主探究、合作解决,促使学生从被动接受知识转变为主动学习和建构知识。

(3)知识整合,深化理解

项目式复习课不仅关注知识点的复习,更强调知识的整合与结构化。通过项目实施,学生能够将碎片化的知识串联起来,形成系统的知识网络,深化对化学概念和原理的理解。

(4)能力提升,素养落地

在真实情境中解决问题,有助于培养学生的信息获取与加工能力、逻辑推理与论证能力、科学探究与思维建模能力等关键能力。同时,项目合作还能提升学生的团队协作能力、创新思维和社会责任感。

(5)反思评价,持续改进

项目式复习课注重过程评价和反思。通过学生自评、互评和教师评价等多种方式,及时反馈学习成效,帮助学生认识自己的不足,明确改进方向。高三化学基于真实情境的项目式复习课具有独特的优势,有助于提升学生的化学学习兴趣、深化学生知识理解、培养他们的关键能力和核心素养,为高考备考奠定坚实基础。

3.高三化学项目式复习的教学范式

指向深度学习的项目式复习课以建构主义理论、认知学习理论、多元智能理论为基础,在实现学科知识、认识思路、学科观念结构化方面具有独特价值,对帮助学生解决真实复杂问题,促进核心知识和思维的结构化,自主建构迁移价值和应用价值的认知模型,助推学生化学核心素养的发展等有着得天独厚的优势。项目式学习分为三个阶段:项目规划、项目实施、项目展示。

项目规划阶段是对知识的初步认识阶段,学生对新项目进行认识、准备、提前预习,有利于学生提前自主完成对课程的初步了解;项目实施阶段是对知识的获取与加工阶段,学生小组通过多种学习渠道获取学习资源和信息,确定研究方法并进行探究、搜集证据、调查、实验等,为学生提供充分的发挥空间,让他们运用多种途径进行探究,培养学生多角度、多种途径解决问题的能力;项目展示阶段,学生需要完成深度学习的"评价"与"创造",学生需要对自己小组的产品进行展示、讲解,并进行自评、他评。每个小组的项目产品都是学生知识加工、重构、创新的过程,学生通过反复收集、验证、反思创新的过程,创造出自己的产品。

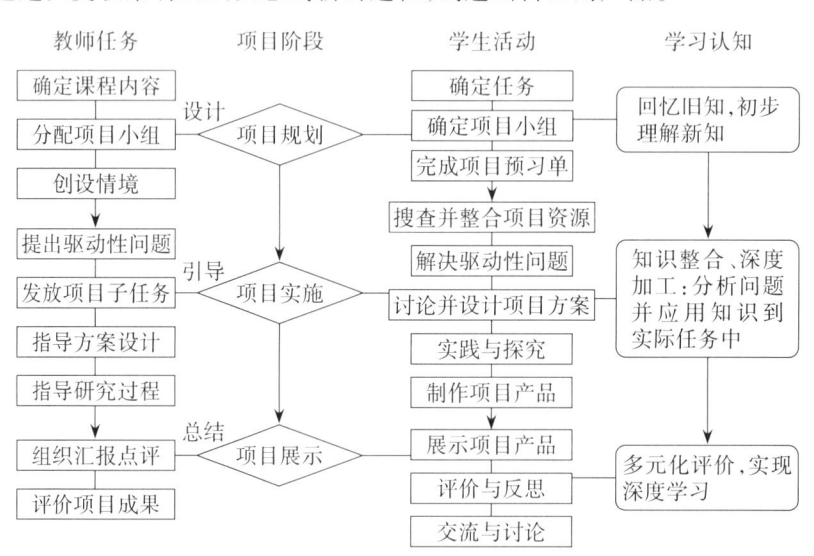

基于深度学习的高三化学项目式复习教学范式

课例

铁盐催化过氧化氢探究及机理微探析

设计者：王晶辉

一、教学内容分析

1.基于课标

随着新课改、新高考和新评价体系这"三新"改革的实行，高中化学教育围绕核心价值、学科素养、关键能力、必备知识这四层素质教育目标开展，培养学生学科核心素养。化学是一门实验性学科，在实验探究中可提升学生的核心素养。生活中大多数的化学反应都会涉及催化剂，2021年诺贝尔化学奖授予了"不对称有机催化"的研究成果，更是激发了人们对催化剂的探究热情。本节课以双氧水催化分解实验为例，探究催化剂的催化实质，同时提升学生的核心素养。

2.基于教材

在初中阶段学生初步了解了催化剂概念；在高中阶段，学生从定性与定量、宏观与微观角度进一步学习了催化剂的作用。而且新教材新增了基元反应和反应机理的概念，对相关知识体系的要求越来越显著。

二、学习者情况分析

学生虽然学习了催化剂及反应机理的相关知识,但通过调查发现学生依旧存在疑问:催化剂参与反应吗?催化剂在反应过程中能改变反应机理吗?遇到反应机理题型时学生很容易产生畏难情绪,采用生搬硬套的方式来答题,背离了培养学生化学核心素养的理念。所以,如何才能激发学生学习需求、调动高阶思维、迁移运用所学知识也就成了化学教师需要考虑的问题。

三、教学目标设定

(1)从宏观和微观、定量和定性、模型认知及证据推理的角度分析催化剂对化学反应速率的影响。

(2)通过实验探究不同催化剂的催化效果及催化实质,培养敢于质疑、勇于创新、善于合作的能力。

(3)将化学与生活相联系,激发学习兴趣,培养社会责任感。

四、教学重难点

教学重点:催化剂在反应过程中的作用。

教学难点:催化剂如何在化学反应中起作用。

五、评价设计

(1) 三维评价

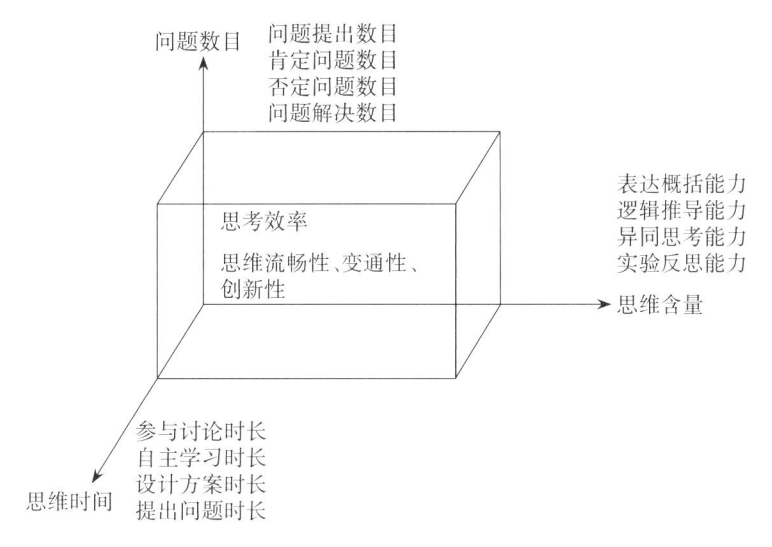

```
问题数目 ↑    问题提出数目
              肯定问题数目
              否定问题数目
              问题解决数目

                              表达概括能力
                              逻辑推导能力
     思考效率                  异同思考能力
                              实验反思能力
     思维流畅性、变通性、
     创新性
                              → 思维含量

     参与讨论时长
     自主学习时长
     设计方案时长
思维时间  提出问题时长
```

三维评价图

(2) 过程评价

POEC教学过程表现性评价量表

评价维度	评价目标	评价任务与评分规则	课堂评价方式
P	预测能力	对实验现象的预测： 无角度(1分) 经提示能预测(2分) 自觉调用1个角度预测(3分) 自觉调用多个角度预测(4分)	教师点评 学生自评
O	观察、描述实验现象的能力	说出1处明显现象(1分) 说出1处隐晦现象(2分) 说出1处动态现象(3分) 说出3处以上实验现象(4分)	师生操作实验 学生观察描述
E	分析、解释实验现象的能力	从类别解释现象(1分) 从氧化还原反应、元素周期律、离子反应等角度解释(2~5分) 从反应条件及变化现象解释(4分)	教师提问、追评 学生辩论、互评

续表

评价维度	评价目标	评价任务与评分规则	课堂评价方式
C	构建模型,应用模型的能力	复述具体现象(1分) 归纳总结形成观点(2分) 解释类似现象(3分) 解决陌生问题(4分)	个人反思自评 同伴交流互评

总分:>12分优秀;8~12分良好;4~7分较好

六、教学流程设计

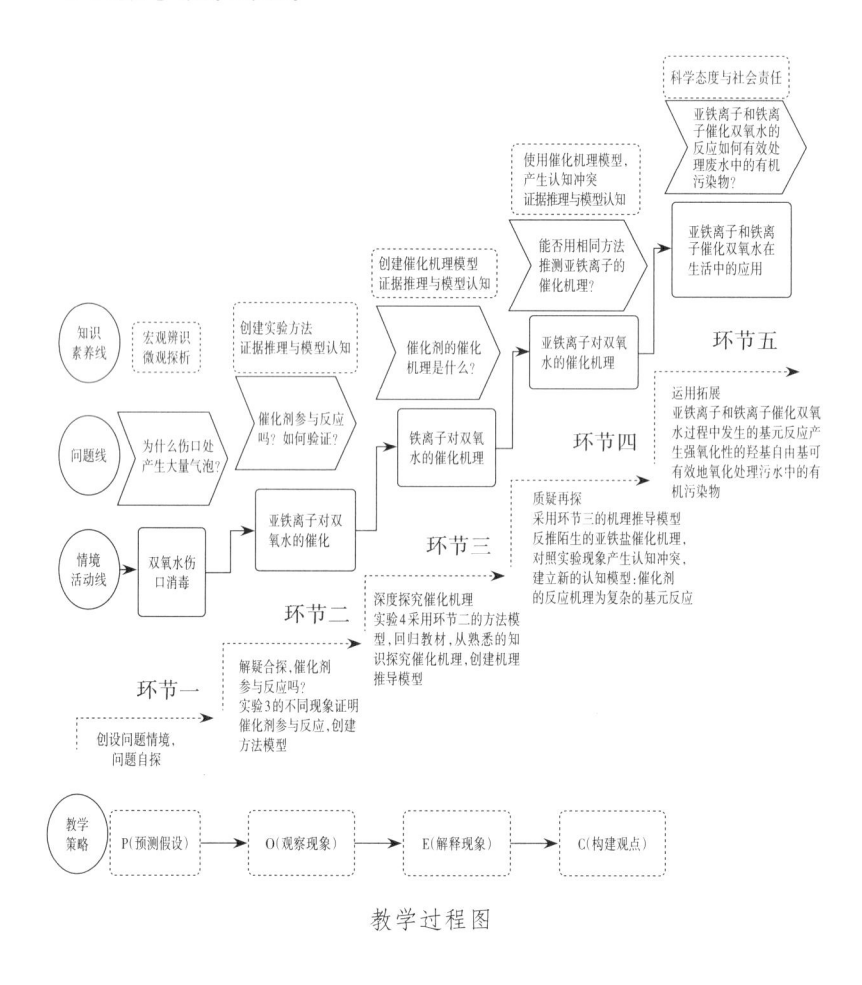

教学过程图

知识素养线：宏观辨识 微观探析 — 创建实验方法 证据推理与模型认知 — 创建催化机理模型 证据推理与模型认知 — 使用催化机理模型,产生认知冲突 证据推理与模型认知 — 科学态度与社会责任

问题线：为什么伤口处产生大量气泡？ — 催化剂参与反应吗？如何验证？ — 催化剂的催化机理是什么？ — 能否用相同方法推测亚铁离子的催化机理？ — 亚铁离子和铁离子催化双氧水的反应如何有效处理废水中的有机污染物？

情境活动线：双氧水伤口消毒 — 亚铁离子对双氧水的催化 — 铁离子对双氧水的催化机理 — 亚铁离子对双氧水的催化机理 — 亚铁离子和铁离子催化双氧水在生活中的应用

环节一：创设问题情境,问题自探

环节二：解疑合探,催化剂参与反应吗？实验3的不同现象证明催化剂参与反应,创建方法模型

环节三：深度探究催化机理实验4采用环节二的方法模型,回归教材,从熟悉的知识探究催化机理,创建机理推导模型

环节四：质疑再探 采用环节三的机理推导模型反推陌生的亚铁盐催化机理,对照实验现象产生认知冲突,建立新的认知模型：催化剂的反应机理为复杂的基元反应

环节五：运用拓展 亚铁离子和铁离子催化双氧水过程中发生的基元反应产生强氧化性的羟基自由基可有效地氧化处理污水中的有机污染物

教学策略：P(预测假设) → O(观察现象) → E(解释现象) → C(构建观点)

教学过程图

七、教学活动

环节	教学活动及层次	活动设计意图，评价活动设计
环节一：创设问题情境，问题自探	【情境引入】 播放双氧水进行伤口消毒的视频。 【教师提问】 你观察到了什么现象？其中发生了什么化学反应呢？为什么会出现这样的现象呢？ 【学生猜想】 猜想一：H_2O_2 不稳定，常温下易分解。 猜想二：伤口处含有某种氧化剂与 H_2O_2 发生氧化还原反应。 猜想三：伤口处含有某种物质可催化分解 H_2O_2。 【学生实验1、2】 1. 在试管中加入 5 mL 15% 的双氧水，观察现象。 2. 在双氧水中加入适量猪血，反应迅速发生，并产生大量的气泡。 【教师提问】 为什么会出现这样明显的现象呢？ 【材料阅读】 资料阅读：过氧化氢酶（CAT）是一种非常常见的酶，在几乎所有好氧生物体内都有发现。在细胞内它的主要作用是催化活性氧成为氧气，阻止活性氧破坏细胞。过氧化氢酶也是所有酶中效率很高的酶，每个酶分子每秒钟可以催化数百万个过氧化氢分子。过氧化氢酶是抗氧化酶素系统的重要一员，又被称为触酶，是以铁卟啉为辅基的结合酶。CAT 作用于过氧化氢的机理实质上是 H_2O_2 的歧化，必须有两个 H_2O_2 先后与 CAT 相遇且碰撞在活性中心上，才能发生反应。 【学生汇报】血液高效催化分解双氧水的原因。	创设真实的问题情境，让学生从生活走进化学世界，激发他们的学习兴趣，并为后续内容的学习做铺垫。 信息获取能力是学生适应社会信息化趋势必须具备的基本素养，通过阅读材料完成信息获取活动，对学生来说十分必要。

续表

环节	教学活动及层次	活动设计意图,评价活动设计
环节二:解疑合探,催化剂参与反应吗?	【教师发布任务】 亚铁离子(Fe^{2+})能否催化分解双氧水?Fe^{2+}是否参与反应?可通过什么方法验证? 【学生讨论】 思考问题并设计实验方案。 【学生实验3】 1.配制氯化亚铁溶液并检验溶液中是否含有Fe^{3+}。Fe^{2+}容易被氧化,试剂中Fe^{2+}是否被氧化? 2.取两支U形管,分别加入20 mL 20% H_2O_2,在其中滴加2 mL配制好的$FeCl_2$溶液,一支用来观察实验现象及检测中间产物,反应过程中在U形管两侧分别滴加$K_3[Fe(CN)_6]$和KSCN,观察并记录实验现象。另一支U形管中插入数字化pH传感器,监测反应过程中的pH变化。 【学生讨论汇报】 在双氧水中滴加$FeCl_2$溶液,反应迅速发生,产生大量气泡,溶液颜色变成棕褐色。滴加KSCN,溶液变红,可知有Fe^{3+}生成,滴加$K_3[Fe(CN)_6]$产生蓝色沉淀,说明溶液中还有Fe^{2+}存在。通过pH传感器检测,反应体系的pH先减小后增大。从以上颜色变化和pH变化等实验现象推测Fe^{2+}对H_2O_2有催化作用,且参与了催化过程。	带着问题进行实验探究,通过实验学生将宏观的颜色变化作为物质变化的证据,培养学生证据推理的核心素养。采用不同的方法手段解决问题,培养学生发散思维,并且建立探究催化剂作用的实验方法模型,为Fe^{3+}的催化作用探究做铺垫。

续表

环节	教学活动及层次	活动设计意图，评价活动设计
环节三：深度探究催化机理	【教师过渡】 为了更好地探究催化剂的作用，我们回归教材从熟悉的知识点切入，一起探究Fe^{3+}对H_2O_2的催化机理。 【教师提问】 Fe^{3+}能否催化H_2O_2？若能催化，Fe^{3+}如何参与催化？催化机理是什么？ 【学生实验4】 取两支U形管，分别加入20 mL的20% H_2O_2，在其中滴加2 mL配置好的$FeCl_3$溶液，一支用来观察实验现象及检测中间产物，反应过程中在U形管两侧分别滴加$K_3[Fe(CN)_6]$和KSCN，观察并记录实验现象。另一支U形管中插入数字化pH传感器，监测反应过程中的pH变化。 【学生汇报】 在双氧水中滴加$FeCl_3$溶液，反应迅速发生，产生大量气泡，溶液颜色先加深后变浅。滴加KSCN，溶液变红，可知溶液中有Fe^{3+}存在，滴加$K_3[Fe(CN)_6]$产生蓝色沉淀，说明溶液中有Fe^{2+}生成。通过pH传感器检测，可知反应体系的pH值先减小后增大。从以上现象推测Fe^{3+}对H_2O_2有催化作用，且参与了催化过程。 【教师追问】 根据实验现象，从氧化还原的角度分析Fe^{3+}催化H_2O_2的反应机理，并书写相应的反应方程式。 【学生书写】 $2Fe^{3+}+H_2O_2 =\!=\!= 2Fe^{2+}+O_2\uparrow+2H^+$ $2Fe^{2+}+H_2O_2+2H^+ =\!=\!= 2Fe^{3+}+2H_2O$ 【展示高考题】 2020年全国卷选择题11：C选项，对学生的推导给予肯定，并及时给予鼓励。（具体步骤略）	Fe^{3+}催化H_2O_2的反应是探究催化剂作用的典型实验，借助环节二提供的实验方法，学生可以通过颜色变化、物质检验及pH变化等得知Fe^{3+}有催化作用，借助已有的氧化还原反应知识推测催化机理。学生将现象与实质相结合，建构反应机理的推测模型。

续表

环节	教学活动及层次	活动设计意图，评价活动设计
环节四：质疑再探	【教师提问】 同学们能否用相同的方法分析Fe^{2+}催化H_2O_2的反应机理，并书写相应的反应方程式。 【学生书写】 $2Fe^{2+}+H_2O_2+2H^+ =\!=\!= 2Fe^{3+}+2H_2O$ $2Fe^{3+}+H_2O_2 =\!=\!= 2Fe^{2+}+O_2\uparrow+2H^+$ 【教师追问】 你能通过什么方法来验证？ 【学生讨论分析】 根据分析，pH变化曲线应该是先增大后减小，但是实验检测出的pH却是先减小后增大，推导与实验结论不相符。 【学生提出疑问】 Fe^{2+}催化H_2O_2的过程中pH变化曲线与Fe^{3+}催化H_2O_2的过程中pH变化曲线一致，Fe^{2+}是否可能先被氧化为Fe^{3+}进而催化H_2O_2？ 【教师提问】 如何解决同学们提出的问题呢？ 【学生讨论汇报】 学生提出可以通过控制变量的方式，从反应动力学的角度探究Fe^{2+}的催化作用。 【学生实验5】 取一支U形管，加入20 mL 20% H_2O_2，分别配制0.1 mol/L的Fe^{3+}和Fe^{2+}溶液，分别在U形管两侧滴入两滴Fe^{3+}和Fe^{2+}溶液，连接压强传感器，观察并记录实验现象。 【学生汇报】 实验现象及结论：反应迅速发生，产生大量气泡，压强增大，Fe^{2+}催化分解双氧水过程中压强变化更为明显，反应速率更快，说明Fe^{2+}可以催化分解双氧水，且催化效果优于Fe^{3+}。	产生认知冲突，激发探究热情。从动力学的角度说明Fe^{2+}催化H_2O_2，但借助已有的氧化还原反应知识推测催化机理时与实验现象产生了认知冲突，从而需要构建新的认知模型，引入基元反应概念。

续表

环节	教学活动及层次	活动设计意图，评价活动设计
环节四：质疑再探	【文献展示】 《气相中 Fe^{2+} 和 H_2O_2 作用生成 OH 自由基的理论研究》，寻找铁盐催化分解过氧化氢的催化机理。 【学生汇报】 铁盐催化双氧水的机理，自由基催化分解理论得到广大学者的普遍认可。它分为三个阶段：一是 Fe^{3+} 的水解；二是引发阶段，水解产物与双氧水反应生成有颜色的过渡络合物，从而产生颜色的异常现象；三是反应阶段，引发阶段产生的 Fe^{2+} 催化双氧水产生强氧化性的羟基自由基，进一步生成氧气。	在问题的带动下，学生通过实验探究由浅入深认识到催化剂参与了化学反应，而且反应不是简单的氧化还原反应，而是复杂的基元反应。这一过程打破了学生的原有认知，提升了他们的思维水平，构建了新的认知思路，进而提升了核心素养。同时在查阅资料的过程中拓宽视野。
环节五：运用拓展	【阅读指导】 指导学生阅读《紫外光及亚铁离子催化下过氧化氢处理废水中难分解有机物的研究》和《Fe^{3+} 和 H_2O_2 处理含甲醛有机废水的研究》两篇文献，让学生谈一谈收获及感悟。	了解亚铁离子和铁离子催化 H_2O_2 会产生强氧化性的羟基自由基，进而用于废水中有机物的无害化处理，加深学生对化学源于生活，且服务于生活的认识，从而提高"科学态度与社会责任"素养。

八、板书设计

```
铁盐催化过氧化氢实验探究及机理微探析

1. 催化剂参与反应吗？
2. 催化剂的催化机理如何？

2Fe³⁺+H₂O₂══2Fe²⁺+O₂↑+2H⁺       2Fe²⁺+H₂O₂+2H⁺══2Fe³⁺+2H₂O

2Fe²⁺+H₂O₂+2H⁺══2Fe³⁺+2H₂O       2Fe³⁺+H₂O₂══2Fe²⁺+O₂↑+2H⁺
```

九、作业与拓展学习活动设计

（略）

十、教学资源与技术手段说明

资料来源：中国知网等。技术手段：数字化实验仪器。

十一、教学反思与改进

在教学中，我们一直坚持"学生为主体，教师为主导"的原则，采用了三个创新应对"三新"挑战。

（1）形式创新，用新颖的实验课，激发学生兴趣，增强参与度，带动思考。

（2）素材创新，将真实的生活情境引入课题，创设问题将亚铁离子与铁离子串联在一起,突破了机理学习的思维限制。最后用亚铁离子和铁离子催化过氧化氢反应在处理废水中的应用,完美地展示了化学源于生活,服务于生活的理念。

(3)内容创新,在高中阶段探究Fe^{2+}的催化效果,及催化H_2O_2的催化机理。

在整节课中,关注生活情境,理论联系实际;问题带动思维,探究培养能力;通过查阅文献学习新理论,研究数字仪器学习新方法,实现师生共成长。

氮及其化合物(复习课)

设计者:张明敏

一、教学内容分析

1.基于课标

《普通高中化学课程标准(2017年版2020年修订)》要求学生能以酸雨的防治和废水处理为例体会化学对环境保护的作用,了解减少污染物的原理和方法,能用数据、图表、符号等描述实验证据并据此进行分析推理形成结论。对于氮及其化合物,人教版教材无论是新版还是旧版,编排均以物质类别为主线,关注氮及其化合物与大气污染的关系。可见,高三复习课不仅要瞄准高考,更要放眼将来,让学生在真实情境中学习氮及其化合物的性质,深刻体会氮元素在生活和生产中的重要作用,以培养学生适应未来发展的正确价值观、必备品格和关键能力。虽然通过前期的学习,学生对氮及其化合物的性质、相互转化有了初步认知,但还不能主动参与知识整理、构建整体关联体系,用已学知识解决真实情境下的实际问题的迁移能力还有所欠缺。为了更好地帮助学生摆脱困境,在复习氮元素专题时,通过创设真实的问题情境,设置驱动性的任务,引导学生归类、整合,形成完整的知识网络,构建与问题解决关联的模型,使学生能够结合所学知识有效提取信息、综合分析、迁移应用,发展证据推理和模型认知素养,再对典型例题进行深入剖析,增强应用化学知识去解决与生活、生产密切相关的化学问题的能力,最终达成有效复习的目标。

2.基于教材

对于"氮及其化合物",人教版教材的编排以物质类别为主线,关注氮及其化合物与大气环境污染的关系;鲁科版教材以氮的循环为主线,注重人类对氮循环以及环境的影响;苏教版教材注重联系生产生活,主要通过氮氧化物的产生及转化、氮肥的生产和使用来组织学习活动。本节课通过对三本教材内容进行取舍,查阅文献资料,结合真实情境的应用实例,了解氮及其重要化合物的主要性质,认识其在生产生活中的应用和对生态环境的影响。在中国知网查到针对氮及其化合物的高三复习研究文献仅有6篇,而且较多为运用价-类二维图对其进行复习。利用真实情境进行氮及其化合物教学的相关研究主要集中在高一阶段,而在高三阶段,将真实情境和价-类二维图进行结合的教学设计与研究相对较少。

二、学习者情况分析

(1)已具备的知识和能力:能从物质分类、核心元素化合价两个角度对物质进行研究,能够进行元素二维坐标图的构建。

(2)障碍点预测:依据原料与目标产物设计转化路径、建立研究物质的三个角度(化合价、物质类别、应用)与转化的关联,这两方面存在思维跳跃,有一定难度。

(3)待建构的观念和发展的能力:形成转化观及物质转化的一般思路,掌握基于转化认识物质性质的新途径。

三、教学目标设定

（1）通过分析自然界中的氮循环，能从物质类别和元素价态列举典型的含氮物质，构建氮元素的价-类二维图，形成物质的分类观。

（2）利用价-类二维图，能从物质类别和元素价态的视角设计消除"氮污染"的方法和途径，并将氧化还原原理与化合物转化相结合，自主建构和发展转化观，培养"证据推理与模型认知"素养。

（3）通过分析自然界中氮循环、合成氨的化学史及设计氮污染的处理路线，认识氮及其化合物的应用对社会发展的价值、对生态环境的影响，培养学生的科学态度与社会责任核心素养，在价-类二维图的基础上完善"价-类-用"三维图认知模型，增强学生解决实际问题的能力。

四、教学重难点

教学重点：

（1）构建和完善氮及其化合物的"价-类-用"三维图，并将其应用于解决真实问题。

（2）通过理解氮及其化合物的主要性质及转化路径，认识其在生活生产中的应用和对环境的影响。

教学难点：

（1）能对文献图表、数据、文字进行分析，发展学生吸收和整合化学信息的能力。

（2）依据原料与目标产物设计转化路径，建立研究物质的三个角度与转化的关联。

五、评价设计

（1）参与—探索—解释—精细化—评价。
（2）创设真实的任务情境，引导学生进行体验式知识学习。

六、教学活动

活动一：氮之原味——由氮循环建立含氮物质转化的价-类二维图

【学习情境】展示图片：19世纪中叶德国化学家李比希揭示了氮对植物生长起着至关重要的作用，植物缺少氮元素会出现黄化病，且不能直接吸收空气中的游离氮。1842年，英国化学家劳斯和吉尔伯特通过实验证明植物通常只能从土壤中摄取铵盐、硝酸盐中的氮元素。

【教师提问并发布任务】①空气中存在大量游离态的氮，植物为什么不能吸收呢？从分子结构分析原因。②自然界氮循环过程中的固氮方式有哪些？写出相关反应的化学原理。③参与氮循环的含氮物质分别属于什么类别？除了物质类别之外，还有什么角度可以研究物质性质？④在价-类二维图中写出参与氮循环的含氮物质，并确定其相互转化关系。

【学生汇报】填写学案、交流补充、完善答案；初步构建价-类二维图。

【设计意图】通过问题解决和学生汇报，评价学生能否从物质类别和元素价态来思考含氮物质之间的转化，构建价-类二维图帮助学生理解固氮原理、合成氨工业、氮肥工业和硝酸工业，使知识系统化。

活动二：氮之珍味——感悟合成氨工业的发展历程

【视频资料】播放《向空气要氮肥》的视频。

视频内容：生物固氮和高能固氮，都是自然固氮，自然固氮就是靠天吃饭,但靠天吃饭是吃不饱的,于是有了人工固氮。19世纪末世界人口激增,导致粮食短缺,需要氮肥来增加粮食产量。科学家们奋力攻坚,经过不断实验,哈伯-博施法催化合成氨工业化的巨大成功使得氮肥工业迅速发展,解决了地球粮食不足的问题。合成氨工业是化学和技术对社会发展与进步的巨大贡献,哈伯、博施均因此获得了诺贝尔化学奖。

【教师过渡】氨气是制备含氮化合物的基础原料,合成氨这项珍贵的技术解决了全球缺粮的问题,保障了人们的温饱。100年来,有无数科学家为了合成氨的工业化生产而努力。2016年,中国科学院研究团队开发研制的新型催化剂,实现了温和条件下氨的催化合成,这是近年来合成氨反应研究中的重大突破。同学们,我们可以做的就是努力学好化学知识,珍惜来之不易的粮食,在将来贡献出我们的力量。

【设计意图】将合成氨工业放在广阔的历史背景下讲述,让学生感受科学家们面对社会需求时表现出的科学态度与社会责任。

活动三:氮之变味——合成氨工业、氮肥工业造成的环境污染

【资料卡片】合成氨和氮肥工业使人类社会快速发展,但合成过程中产生的废气、废水的不合理排放,造成了严重的环境污染。

【学生汇报】阅读相关资料,归纳常见的氮氧化物污染等相关环境问题。

(1)NO_x污染大气,造成光化学烟雾,形成酸雨,破坏臭氧层。

(2)水体中的氨氮(如NH_4^+、$NH_3 \cdot H_2O$)过多,导致水体富营养化,氨氮对鱼类有毒。

【教师过渡】我们一方面要提升我国的工业实力和GDP,另一方面要减少环境污染。如何平衡二者的关系?唯有科学。面对污染要理性,治理污染要科学。有哪些科学的方法可以减少大气中的氮氧化物以及水体中的氨氮呢?

【设计意图】让学生认识到科学的发展不仅需要技术的支撑,还要有正确的价值取向,不能一味为了人类的需求而牺牲环境,应保证整个生态系统和谐发展,让学生体会化学在改善人类生存环境、促进社会进步中的重要作用。

活动四:氮之回味——设计消除"氮氧化物污染"的方法和途径

【教师发布任务1】蓝天保卫战——设计转化方案,实现NO_x的无害化处理(以NO_2为例)。

【小组讨论】

(1)从"物质类别"和"化合价"两个角度归纳NO_2的化学性质。

(2)在价-类二维图上写出NO_2的无害化处理的转化路线。

【学生汇报1】物质类别:<u>氧化物</u>。预测性质:NO_2<u>与水、碱溶液反应</u>。N元素化合价:<u>+4价</u>。预测性质:NO_2<u>与氧化剂或还原剂反应</u>。

【学生汇报2】NO_2的无害化处理的转化路线,并完善价-类二维图(图略)。

【真题演练】(北京卷节选)SCR(选择性催化还原)技术能够在空气过量条件下有效降低柴油发动机的NO_x排放。工作原理如下(图略)。

尿素分解产生NH_3,写出SCR催化反应中NH_3还原NO_2的化学方程式:_____。

【设计意图】从高考真题的演练中体会元素化合物知识与氧化还原知识的融合,感受化学知识在实际生产生活中的运用,建立解决这类问题的思维模型。

【教师发布任务2】绿水保卫战——设计转化方案,实现工业氨氮废水的处理。

某氮肥厂产生的氨氮废水中的氮元素多以NH_4^+、$NH_3 \cdot H_2O$的形式存在,以NH_4^+为例,从"物质类别"和"化合价"角度设计转化路线减少水中的NH_4^+。

【学生汇报1】从"物质类别"和"化合价"两个角度归纳NH_4^+的化学性质。

物质类别:<u>阳离子</u>。预测性质:NH_4^+与<u>碱溶液</u>反应。

N元素化合价:<u>-3价</u>。预测性质:NH_4^+与<u>氧化剂</u>反应。

【学生汇报2】NH_4^+的无害化处理的转化路线,并完善价-类二维图(图略)。

【设计意图】通过小组讨论、问题解决,将实际问题转化为化学问题,从类别、价态设计转化路线,融合氧化还原知识进一步完善价-类二维图,让学生认识元素化合物在生产、生活和生态保护中的应用,将知识和认识转化为问题解决的能力和"科学态度与社会责任"的素养。

【回归课本】(鲁科版必修一节选)某研究团队设计的氨氮废水的处理流程如下:

氨氮废水 —Ⅰ→ 低浓度氨氮废水 —Ⅱ→ 含硝酸废水 —Ⅲ→ 达标废水

过程Ⅱ:在微生物的作用下实现$NH_4^+ \to NO_2^- \to NO_3^-$的转化,称为硝化过程。在碱性条件下,$NH_4^+$被氧气氧化成$NO_3^-$的总反应的离子方程式为:_____。

【设计意图】通过一系列节选或改编自课本原话及课后习题的判断题,帮助学生对含氮物质的性质及用途进行有效辨析,提醒学生考前回归课本,强化巩固基础知识。

【模型建构】"证据→推理→符号"思路书写复杂氧化还原反应方程式。

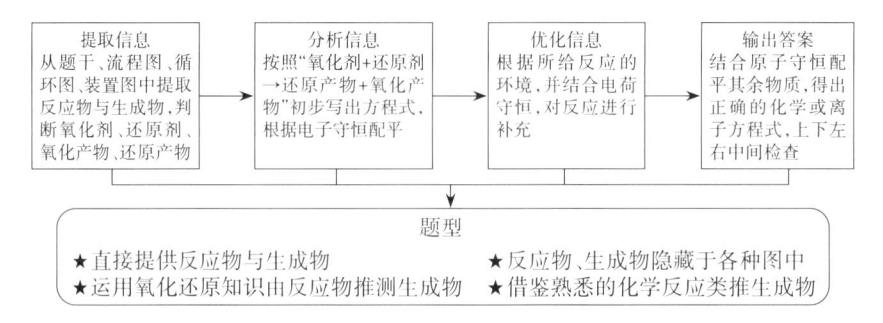

提取信息	分析信息	优化信息	输出答案
从题干、流程图、循环图、装置图中提取反应物与生成物,判断氧化剂、还原剂、氧化产物、还原产物	按照"氧化剂+还原剂→还原产物+氧化产物"初步写出方程式,根据电子守恒配平	根据所给反应的环境,并结合电荷守恒,对反应进行补充	结合原子守恒配平其余物质,得出正确的化学或离子方程式,上下左右中间检查

题型
★ 直接提供反应物与生成物　　★ 反应物、生成物隐藏于各种图中
★ 运用氧化还原知识由反应物推测生成物　★ 借鉴熟悉的化学反应类推生成物

【模型应用】最近我国科学家设计了一种微生物燃料电池,是一种现代氨氮去除技术,电池工作原理如下(图略),写出A电极和B电极的电极反应式。

【设计意图】以方程式的书写为载体,调用元素化合物与化学反应原理的相关知识,利用已有模型去解决真实情境下的新问题,提升学生提取并处理题干信息的能力和思维能力,有效落实证据推理的化学学科核心素养培养,并在此基础上巩固解决该类题型的一般解题方法。

【归纳提升】构建氮元素的价-类-用三维图(图略)。

【设计意图】在价-类二维图的基础上构建价-类-用三维模型,可以解释预测物质的性质和用途,整合梳理元素化合物的知识,启发学生应用此模型复习硫等其他元素及其化合物的相关问题,基于真实情境解决实际问题,达到建模、用模的目的。

【教师总结】愿通过本节课的学习,同学们能珍惜氮之原味,赓续生命氮循环!践行氮之珍味,节约粮食不浪费!无惧氮之变味,学好知识治污染!创造氮之回味,用化学造福人类。

七、板书设计

(略)

八、教学反思与改进

从氮循环到处理氮氧化物污染的绿色化学视角创设真实情境,调用化学学科知识解决环境问题,激活了学生的求知欲,有效地开启了学生思维的闸门;通过蓝天保卫战和绿水保卫战的课堂学习过程,培养了学生可持续发展意识和绿色化学观,增强了学生的社会责任感。

基于真实情境形成任务链,引领知识建构,课堂上及时检测学生学习情况,通过自主学习、小组合作的方式初步建构价-类二维图,进而完善发展为价-类-用三维图,促进了学生由知识的获取到化学核心素养发展的进阶。

在高三复习中应注重提高学生理解问题、分析问题和解决问题的能力,有效进行模型建构,强化模型思维的形成,并运用模型解决实际问题,从而提高复习效率。本节课以分类与转化的观念,探索了价-类-用三维图下元素化合物复习的课堂样态,基本达成了学以致用的价值追求。

二氧化硫

设计者:霍淑蓉

一、教学内容分析

1.基于课标

《普通高中化学课程标准(2017年版2020年修订)》对硫及其化合物的要求是:通过实验了解并掌握硫及其氧化物的主要性质,认识其在生产中的应用和对生态环境的影响。高中化学教育围绕核心价值、学科素养、关键能力、必备知识素质教育目标开展,培养学生学科核心素养。新课改下的教育理念倡导"以素养为本",将化学核心素养潜移默化地融入学生学习的各个环节,引导学生建立完善的化学观念和化学思维,培养学生利用化学知识解决实际问题的能力,确保学生能够在现实生活中得心应手地应用化学知识解决实际问题。

2.基于教材

价态不同的硫的化合物是知识连接的桥梁,也是构建元素化合物的知识网络的重要内容,更是巩固学生认识物质性质基本思路的良好示例。该知识点通过实验探究突出学科特点和知识的串联性,通过二氧化硫的化学性质,进一步加深学生对氧化还原反应知识的认识,同时提高学生运用价-类二维图解决问题的能力。

二、学习者情况分析

　　元素化合物的知识是高中化学的重要组成部分,这部分内容教学难度不大,但知识点过于零散,学生学起来比较吃力并且容易混淆。在之前的学习中,学生已储备了部分元素化合物知识,建立了分类观念,可以对比酸性氧化物二氧化碳的相关知识,对二氧化硫的性质进行预测和研究。同时,根据氧化还原反应基础知识,可以从化合价角度预测二氧化硫的氧化性和还原性。现阶段学生可以根据物质的性质,选择合适的氧化剂或还原剂,对生成的产物进行判断等,可以书写简单的氧化还原反应方程式。

三、教学目标设定

　　(1)从物质类别、元素价态和物质特性视角认识二氧化硫的性质,培养证据推理与模型认知素养。

　　(2)通过设计创新实验装置,提高科学探究与创新意识素养。

　　(3)通过二氧化硫微型化实验,加深对绿色化学思想的体验,树立可持续发展的观念。

四、教学重难点

　　教学重点:二氧化硫的化学性质。

　　教学难点:设计实验验证二氧化硫的化学性质。

五、评价设计

（1）通过硫的价-类-特性三维图,分析预测二氧化硫的化学性质,构建元素知识学习的基本思路和方法。

（2）通过实验设计、实验验证、现象分析,发展科学探究能力。

（3）通过二氧化硫性质的学习,诊断并提升学生元素化合物模型认知水平。

六、教学流程设计

教学环节	活动线	思维线	设计意图
环节一：创设情境,导入新课	以葡萄酒饮用前要醒酒设问,引发学生思考。	二氧化硫性质的思考。	激发学生关注生活中的化学问题,引出本节课的主题。
环节二：分析预测,设计实验	1.通过硫的价-类-特性三维图,分析预测二氧化硫的化学性质。 2.设计实验,写出实验方案。	1.从化合价、物质类别及物质特性三个角度进行分析预测。 2.进行实验装置的设计与创新。	培养学生应用氧化还原反应进行物质性质分析的能力以及实验设计能力。
环节三：实验探究,性质验证	1.学生动手实验。 2.根据现象,分析原因。	宏微结合,实验探究。	通过实验认识物质的性质,透过现象看本质,提高学生学科核心素养。
环节四：归纳小结,迁移应用	1.整理归纳二氧化硫的化学性质。 2.得出葡萄酒的生产工艺中加入二氧化硫的原因,以及喝酒前醒酒的原因。	1.进一步认识二氧化硫的化学性质。 2.应用二氧化硫的性质解决实际问题。	培养学生归纳整理的能力,以及应用所学知识解决生活中实际问题的能力。

七、教学活动

环节一：创设情境，导入新课

【情境导入】播放视频：葡萄酒的生产。

【教师提问】在葡萄酒的生产过程中，为什么要加入适量的二氧化硫(SO_2)？在喝葡萄酒前，醒酒的目的又是什么呢？

【学生思考】是否与SO_2的性质有关呢？

【教学过渡】这与本节课要学习的SO_2的性质相关。SO_2具有哪些性质呢？带着这个问题进入本节课的学习。

【设计意图】创设真实的问题情境，让学生从生活走进化学世界，引导学生质疑有毒的SO_2在食品生产中的用途，研究SO_2的性质，并用于解决生产生活中的实际问题，辩证地重新认识SO_2；同时以设问引起学生的思考，从而自然过渡到新课教学。

环节二：分析预测，设计实验

【教师引导】

SO_2中S元素的价态(+4价) $\xrightarrow{\text{决定}}$ 既有氧化性，又有还原性。

SO_2的类别(酸性氧化物) $\xrightarrow{\text{决定}}$ 具有酸性氧化物的通性。

特性：漂白性。

【小组讨论】分析预测SO_2具体能发生哪些反应。

【学生汇报】从物质类别看，SO_2为酸性氧化物，具有酸性氧化物的通性：①与碱反应；②与碱性氧化物反应；③与水反应。从化合价角度：有氧化性，能与还原性物质反应；有还原性，能与氧化性物质(比如酸性$KMnO_4$溶液、$FeCl_3$溶液、氯水等)反应。有漂白性，能使某些有色物质褪色。

【教师提问并发布任务】我们如何设计实验来验证预测的SO_2的性质呢？

【实验方案设计】

(1)实验目的:验证SO_2的还原性、氧化性、酸性氧化物的通性以及漂白性。

(2)待选药品:Na_2SO_3固体、浓硫酸、H_2S溶液、Na_2S溶液、紫色石蕊溶液、酸性$KMnO_4$溶液、氢氧化钠溶液、品红溶液、I_2的淀粉溶液、$BaCl_2$溶液。

(3)信息1:SO_2的制备,$Na_2SO_3 + H_2SO_4 =\!=\!= Na_2SO_4 + SO_2\uparrow + H_2O$。

信息2:品红溶液是常用的生物染色剂。

(4)以小组为单位,结合教材实验,进行实验方案的设计,并画出实验装置图。

【小组汇报】设计的初始方案(如下图)。

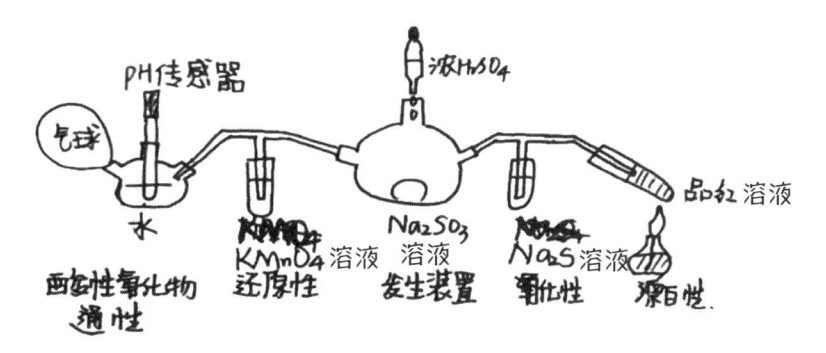

【教师追问】除可行性和可操作性外,绿色化学提倡设计实验要从环保、节约等角度考虑。SO_2易溶于水,用以上装置进行实验,可能在后续装置中实验现象不明显,请同学们继续思考,要达到实验目的,如何改进你们的实验呢?

【学生讨论再汇报】可以改进实验装置,实现微型化和一体化,比如可以用注射器、医用三通阀等。

【实验方案改进】如下图。

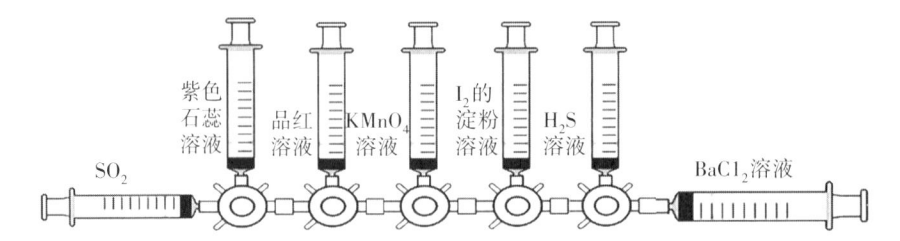

[图示：注射器连接装置，从左到右依次为 SO₂、紫色石蕊溶液、品红溶液、KMnO₄溶液、I₂的淀粉溶液、H₂S溶液、BaCl₂溶液]

【设计意图】通过三维角度分析、预测二氧化硫性质，使学生在硫的化合物学习上形成知识框架，并且从课本实验出发，寻求突破、创新，以提高学生的证据推理与模型认知、科学探究和创新意识的学科素养。另外，通过反复追问和问题分析，优化实验方案，发挥学生的主体地位，让学生切身感受化学是一门以实验为基础的学科，激发学生的学习兴趣及创新意识。

环节三：实验探究，性质验证

【小组实验】学生动手实验并记录实验现象。

【学生汇报】

实验现象	实验结论
紫色石蕊溶液变红	SO_2与水反应生成酸
品红溶液褪色	SO_2有漂白性
酸性$KMnO_4$溶液褪色	SO_2有还原性
I_2的淀粉溶液褪色	SO_2有还原性
H_2S溶液中有黄色浑浊产生	SO_2有氧化性

【设计意图】学生根据所给试剂自主设计实验方案，再动手实验，验证实验的可操作性，同时提高学生实验基本操作能力，并根据现象得出结论，以验证之前的分析预测，提高学生科学探究与创新意识的学科素养。创新的化学实验设计能够结合日常生活，使得实验内容更加丰富有趣，从而激发学生的兴趣，使他们更加主动地参与到实验中来，积极探索化学知识的奥秘。这不仅有助于学生能够独立思考、发现问题、解决问题，还能很好地锻炼他们的创新精神和实践能力。同时，实验过程中培

养安全意识和环保意识,也有助于提升学生的科学素养。

环节四:归纳小结,迁移应用

【学生活动】整理SO_2的性质,并完成相关反应方程式的书写。

【教师强调】在配平过程中,要注意氧化还原反应方程式中产物的确定以及溶液的酸碱性。另外,SO_2的漂白不同于氯水的漂白,氯水是利用其强氧化性漂白,而SO_2是与某些有色物质发生化合反应生成无色物质,这种无色物质是不稳定的,加热容易恢复原色。

【深度思考】SO_2通入$BaCl_2$溶液(已除氧)会出现浑浊吗?添加何种物质,会使溶有SO_2的$BaCl_2$溶液产生浑浊?

【学生活动】完成SO_2与$BaCl_2$溶液反应的实验。

【学生汇报】SO_2直接通入$BaCl_2$溶液中没有产生浑浊,是因为亚硫酸是弱酸,不能用亚硫酸制备出盐酸,即"弱酸不能制强酸"原理。可以加入碱,碱与二氧化碳反应生成亚硫酸盐,亚硫酸盐可以与$BaCl_2$反应,得到$BaSO_3$沉淀,溶液变浑浊;也可以加氧化剂,氧化剂将SO_2氧化为SO_3,SO_3与$BaCl_2$反应,生成$BaSO_3$沉淀,溶液变浑浊。

【解决问题】葡萄酒中添加SO_2的原因是什么?喝葡萄酒前醒酒的目的是什么?

【设计意图】宏微结合,引导学生利用氧化还原反应知识书写化学反应方程式,培养知识迁移和应用的能力,构建元素化合物学习的一般模型。同时学以致用,根据SO_2的性质解决课前提出的问题,首尾呼应,并树立化学与生活密切相关的观念,让学生深切体会化学从生活中来,到生活中去。

八、板书设计

二氧化硫

1. 物理性质

无色、有刺激性气味的有毒气体,易溶于水,密度比空气大。

2. 化学性质

(1)酸性氧化物:与水、碱、碱性氧化物反应。

(2)强还原性:

$$2SO_2+O_2 \underset{\triangle}{\overset{催化剂}{\rightleftharpoons}} 2SO_3$$

$$5SO_2+2MnO_4^-+2H_2O = 5SO_4^{2-}+2Mn^{2+}+4H^+$$

$$X_2+SO_2+2H_2O = H_2SO_4+2HX \ (X=Cl、Br、I)$$

(3)氧化性:$SO_2+2H_2S = 3S\downarrow+2H_2O$

(4)漂白性:化合漂白,不稳定,加热易复原。

3. 用途

漂白、杀菌、制防腐剂、制硫酸。

九、作业与拓展学习活动设计

真实情境:建筑物、森林因酸雨而被毁,生活中用SO_2进行有色布料漂白、杀菌等。如何评价SO_2呢?

利用互联网收集资料,分角色思考:

(1)如果你是化学实验室老师,如何看待SO_2?

(2)如果你是农场主,如何面对酸雨侵蚀农庄?

(3)如果你是硫酸厂的工程师,如何看待SO_2?

（4）如果你是环保局局长，如何看待SO_2？

十、教学反思与改进

本节课从生活情境出发，通过分析预测—实验方案设计—实验操作—得出结论，突出了科学探究的核心素养。二氧化硫的化学性质涉及较多的反应方程式，为便于学生学习和理解，从二氧化硫的物质类别、硫元素化合价、物质特性三个角度加以梳理，其中从物质类别角度类比之前学习过的酸性氧化物二氧化碳的性质进行学习，大大降低了学生的认知负荷，较符合学生认知发展规律。当然，本节课也还存在很多值得改进的地方，比如，学生在设计实验方案的时候，可以引导学生思维更开阔些。

原电池

设计者:霍淑蓉　刘玉震

一、教学内容分析

1.基于课标

《普通高中化学课程标准(2017年版2020年修订)》有关原电池内容的具体要求是:认识化学能与电能相互转化的实际意义及其重要应用,了解原电池及常见化学电源的工作原理,能设计简单的原电池。新课标明确提出了以培养化学学科核心素养为主旨的教学理念,倡导真实问题情境的创设,开展以化学实验为主的多种探究活动,重视教学内容的结构化设计,激发学生学习化学的兴趣,促进学生学习方式的转变,培养学生的创新精神和实践能力。

2.基于教材

人教版普通高中教科书化学必修第二册介绍了化学反应与电能的相关基础知识,介绍了简单原电池装置的构成特点,指明了原电池是化学能转化为电能的重要途径。人教版选择性必修1在此基础上继续延伸,对铜锌原电池装置进行了优化,重点介绍了原电池的工作原理和化学电源。选择性必修1教材内容与必修第二册相比,理论性明显加强,更加突出原电池工作过程中两电极物质的转化规律、电子转移特征、化学能与电能等不同形式能量之间相互转化的规律,重点强调了原电池工作原理在实际生产、生活中的常见应用。

二、学习者情况分析

学生已有知识主要包括氧化还原反应概念、离子反应的基础知识以及物理中电学常识等。学生在必修第二册已经学习了铜-锌单液原电池基础内容,然而受铜-锌单液原电池模型的泛化影响,学生认知局限主要在于始终认为氧化剂和还原剂只有直接接触才能发生电子转移,对原电池各构成要素的理解不够深刻,尚未建立原电池工作原理的认知模型,对原电池的原理、本质理解不够,不能很好地构建原电池模型来解决实际问题。

三、教学目标设定

(1)对单液原电池装置的缺陷问题提出改进措施,设计改进方案,论证改进效果;能说出双液原电池的构成要素,理解盐桥的作用。

(2)通过绘制单液/双液原电池工作原理模型,进一步理解原电池原理,并能利用原电池原理设计原电池,解决复杂情境下的原电池相关问题。

四、教学重难点

教学重点：

(1)理解原电池工作原理。

(2)原电池工作原理模型的构建和应用。

教学难点：能利用原电池原理解决原电池设计等相关复杂问题。

五、评价设计

(1)通过学生对单液原电池实验装置的构成要素的分析、实验现象的预测来评价学生原电池基本概念的发展水平。

(2)通过探究实验组装双液原电池装置、分析盐桥的作用，帮助学生理解原电池的原理、本质。

(3)通过建构原电池思维模型，帮助学生提升模型认知水平。

六、教学流程设计

教学环节	活动线	思维线	设计意图
环节一：觉知	分析水果电池工作原理。	回顾单液原电池模型。	诊断学生原电池认知水平，寻找生长点。
环节二：调和	1.铜-锌单液原电池的装置缺陷问题发现与解决方法。 2.拆成两个半电池后讨论引入盐桥的作用。	1.合理分析单液原电池装置缺陷形成原因。 2.盐桥作用的思考。	引导学生深度思考原电池原理，激发学生改进单液原电池的热情。

续表

教学环节	活动线	思维线	设计意图
环节三：归纳	分别绘制单液原电池、双液原电池工作模型。	通过对具体原电池装置的理解，建构普遍的原电池装置思维模型。	构建模型思维意识，提升原电池原理认知水平。
环节四：迁移	依据 Cu+2AgNO$_3$═══Cu（NO$_3$）$_2$+2Ag 反应原理，分别设计一个单液原电池和双液原电池，要求画出原电池装置图，分析原电池工作原理，并写出两极的电极反应式。	思考原电池原理的本质，并用于解决实际问题，思考原电池思维模型的具体运用规律。	引导学生深度理解普遍的原电池装置思维模型，提升学生模型运用能力。

七、教学活动

步骤	教学活动及层次	活动设计意图	评价活动设计
觉知	展示水果电池图片：小橘灯。 情境信息：在生活中用铜棒、锌棒、二极管和水果等可以制作小橘灯，但小橘灯亮度不稳定。 活动1： 【思考与交流】 ①这些水果电池运用了什么原理？（原电池原理，水果液作电解质溶液，锌棒作负极，铜棒作正极，形成原电池）请提炼原电池模型并解释。（自发的氧化还原反应，闭合回路） ②导致水果电池能量转化率低的原因是什么？（电解质与锌棒的直接接触）	利用学生熟悉的教材实验素材，创设情境，提出能够激发学生认知冲突的一系列问题，诊断学生原电池基础知识认知水平。	诊断否能准确描述单液原电池的组成、形成条件和工作原理。

续表

步骤	教学活动及层次	活动设计意图	评价活动设计
调和	活动2： 【任务驱动】如何提高铜-锌单液原电池的电流效率？ 【实验探究】 (1)预测铜-锌单液原电池现象：电流表指针发生偏转，锌电极溶解，仅铜电极表面有红色固体析出。 (2)观察实验现象：电流表指针发生偏转，电流在一段时间后发生衰减，且锌电极与铜电极表面都有红色的物质生成。 (3)产生认知冲突：锌表面附着有红色固体，电流衰减的原因是什么？ (4)微观探析：Zn与Cu^{2+}直接接触发生反应，转移的电子未经过导线，导致电流衰减，为提高原电池效率，应避免锌片与硫酸铜溶液直接接触。 【装置改进】 (1)为了避免锌片直接与硫酸铜溶液直接接触，将锌片置于硫酸锌溶液，铜片置于硫酸铜溶液，又用导线将锌片与铜片连接起来，并在其中间串联电流表和开关，闭合开关后，观察实验现象。 (2)在两个半电池中加入盐桥把二者连接起来，闭合开关后，观察实验现象。 【提出问题】通过观察实验现象，请分析：盐桥的作用是什么？ 【分组讨论】盐桥的主要作用是沟通内电路，形成闭合回路。此外，盐桥中阴阳离子的定向移动使两个半电池的电荷平衡，形成稳定电流。	通过如何提高单液原电池电流效率的实验探究活动，在提升学生探究能力的同时，引导学生从宏观和微观两个层面分析和解释原电池的工作原理，理解宏观与微观相结合的思维方式。	借助演示实验、小组展示、相互点评，深入理解双液原电池工作原理。

续表

步骤	教学活动及层次	活动设计意图	评价活动设计
归纳	活动3： 【任务驱动】绘制单液原电池、双液原电池以及隔膜电池工作原理示意图。 (1)注明原电池的组成。 (2)标明氧化反应和还原反应发生的区域。 (3)标明电子的运动方向和阴离子、阳离子的迁移方向。 【问题解决】学生独立绘制原电池模型，并经过交流反思进一步优化模型，教师深入各小组查看学生原电池模型的绘制情况，帮助学生优化模型。	提高学生原电池知识的关联水平，引导学生建构原电池认知模型，诊断并发展学生"模型认知"的化学学科核心素养。	建立原电池要素间关系，建构原电池思维模型。
迁移	活动4： 【任务驱动】(1)依据 $Cu+2AgNO_3$====$Cu(NO_3)_2+2Ag$ 的反应原理，分别设计一个单液原电池和双液原电池。要求画出原电池装置图，分析原电池工作原理，书写电极反应式。 负极：$Cu-2e^-$====Cu^{2+} 正极：$2Ag^++2e^-$====$2Ag$ (2)依据 Mg|NaOH(aq)|Al 电池与 Mg|H_2SO_4(aq)|Al 电池的原理： ①判断电池的正负极[当 NaOH(aq)为电解质时，负极为 Al，正极为 Mg。当 H_2SO_4(aq)为电解质时，负极为 Mg，正极为 Al]。 ②书写电极反应式。 当 NaOH(aq)为电解质时。 负极：$2Al-6e^-+8OH^-$====$2AlO_2^-+4H_2O$ 正极：$6H_2O+6e^-$====$3H_2\uparrow+6OH^-$ 当 H_2SO_4(aq)为电解质时。 负极：$Mg-2e^-$====Mg^{2+} 正极：$2H^++2e^-$====$H_2\uparrow$	设置阶梯性任务，学生运用原电池原理将氧化还原反应设计成原电池装置，解决实际问题，提升学生运用模型分析和解决实际问题的能力。	应用原电池模型解决实际问题，提升学生的知识迁移能力。

八、板书设计

单液原电池 —— 改进 ——→ 双液原电池

相同点：

(1) 工作原理。

(2) 组成条件(4大条件)。

(3) 电子流向。

不同点(改进后)：

(1) 双液原电池工作效率更高(原因)。

(2) 双液原电池中引入盐桥(盐桥的作用)。

(3) 离子流向略有不同。

九、作业与拓展学习活动设计

(1) 思考如何利用今天所学知识将单液水果电池改造成双液水果电池。

(2) 寻找生活中常见的化学电源，尝试利用原电池原理构建它们的工作原理模型。

十、教学资源与技术手段说明

(略)

十一、教学反思与改进

浅层学习的教学,主要以记住、掌握知识为目的,仅关注学生能完整准确地再现知识内容,缺乏对所学知识的深度理解及其意义体验,这种教学模式很难培养出适应新时代社会发展的人才。基于深度学习开展的教学,通过创设情境、课前诊断、确定主题、小组合作构建模型、模型运用与完善、归纳小结等环节使学生将新知识与已有知识建立关联,为新知识的吸收建立生长点,力图让学生在高阶思维活动中获得可迁移的知识与技能,培养学生在真实情境中分析问题、解决问题的能力。课堂聚焦学生完成学习任务的全过程,更加注重学生思维的发展与提升,从而真正落实化学学科核心素养的培养。

CO_2的资源化利用(复习课)

设计者:张明敏

一、教学内容分析

1.基于课标

新课程标准和高考评价体系提倡教师创设真实问题情境,开展主题化、项目式学习等综合性教学活动,学生能根据实际条件并运用所学化学知识和方法解决实际生产生活中的化学问题。复习课教学承载着整合知识、提升能力的功能,但上好复习课一直是一线教师的难题,特别是模块复习课一般以综合性习题讲解为主,这种方式难以激发学生的学习兴趣,难以发挥学生学习的主动性,也难以使其自主建构、整合知识。高中化学项目式教学利用问题驱动学生思维,通过实验探究、问题解决,激励学生深入学习化学学科的本质并主动构建知识体系,较牢固地吸收课程知识,有利于学生主动构建学习模式,形成化学学科的学习框架和思维模式,从而达到深度学习。本节课选取的素材碳中和是社会热点,也是科学研究的热点和难点,如何通过化学技术驱动碳中和是值得每一个化学人思考的问题。从化学视角对这一素材解构可聚焦"化学反应原理"模块的核心知识,实现碳中和的化学路径与物质转化、热力学、动力学、电化学等高考内容密切相关。该模块设置的目的在于引导学生进一步认识化学变化所遵循的基本原理，初步形成关于物质变化的科学观念，了解化学反应中能量转化所遵循的规律，明白化学反应原理对科学技术和人类文明所起的重要作用。学生在体验真实科研的过程中学以致用，促进化学反应原理专题知识和能力体系的结构化，实现学科核心价值、学科素养、关键能力以及必备知识的同步发展。

2.基于教材

（1）为了使教学设计能更好地体现CO_2这部分内容蕴含的知识、方法和价值，我对初、高中教材进行了系统性的梳理，发现在初中CO_2是建立性质决定用途认识的典型物质，在高中CO_2则是建立物质类别、价态决定性质的奠基性物质，以及分子和晶体结构的典型示例。

（2）化学反应原理知识可进一步分为化学反应与能量，化学反应的方向、速率和限度，水溶液中的离子反应与平衡三个主题，其中化学反应的方向、速率和限度的知识在高考中分值比重较大，化学反应与能量模块中盖斯定律的考查方式有所创新，反应机理、活化能和催化剂等新的考查方式值得关注，化学实验情境、化工生产情境和学术情境为常见情境，社会热点和环境保护类素材有增加趋势，目的在于引导学生体会化学的价值。情境素材选择方面侧重我国传统文化中的化学生产知识和现代技术成果，目的是增强学生民族自豪感、树立文化自信。文字表述和化学用语为主要呈现方式，数据表、曲线表、装置图等为常见呈现方式，要求学生对化学知识下的变化模型和数学模型进行迁移，考查其吸收和整合化学知识的能力。

二、学习者情况分析

为了准确了解学生这三个主题的学习情况,我设计了基于CO_2的教学前测:一是梳理CO_2的知识并绘制思维导图(图略),发现学生虽然基础扎实、具有良好的学习习惯和思维品质,但知识有待结构化,认知角度有待完善。二是分析近两次月考中以CO_2为载体的选择题和原理题的得分情况,发现学生解决真实问题的能力还有待提升(图略)。

三、教学目标设定

(1)通过预测CO_2的转化路径,形成从类别、价态、化学键的视角认识物质转化的一般思路,培养学生辩证思考、符号表征、推理论证的能力,落实宏观辨识、微观探析、模型认知的学科核心素养。

(2)通过CO_2转化为CH_3OH的探究,体会"结构决定性质"核心观念在化学学科中的统领地位,形成改变反应的条件调控反应的方向、速率、限度的一般思路,培养学生判断结构、识别证据、推理论证、获取信息、处理数据的能力,落实变化观念、平衡思想、证据推理、模型认知的学科核心素养。

(3)通过对工业上CO_2合成CH_3OH的实际条件的讨论,学会从工业视角综合认识CO_2的转化,培养学生分析数据、评价方案、归纳总结的能力,落实科学探究、社会责任的学科核心素养。

四、教学重难点

教学重点:形成认识物质性质、调控反应以及认识工业问题的一般思路和方法。

教学难点：体会学科知识和学科方法在解决问题中的指导作用，全面提升解决化学问题的能力。

五、评价设计

（1）知识评价

课后作业：学生完成以 CO_2 合成二甲醚和甲醇载体的主观题。

（2）能力评价

学生完成综合能力评价单。

（3）自我评价

学生完成自我评价单。

六、教学流程设计

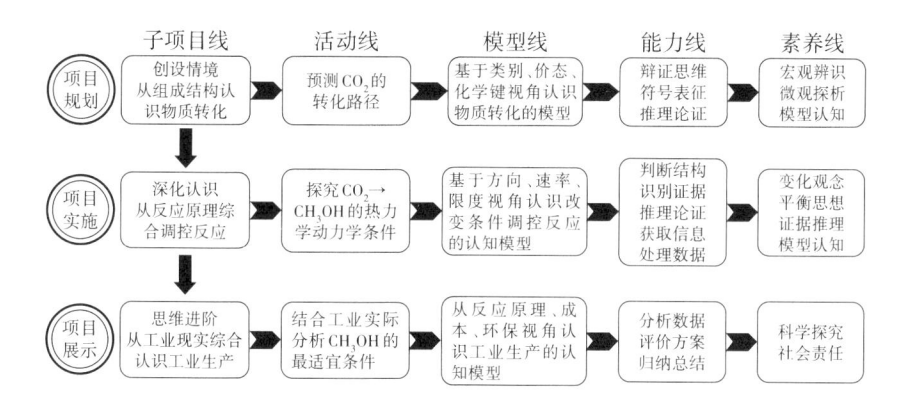

	子项目线	活动线	模型线	能力线	素养线
项目规划	创设情境 从组成结构认识物质转化	预测 CO_2 的转化路径	基于类别、价态、化学键视角认识物质转化的模型	辩证思维 符号表征 推理论证	宏观辨识 微观探析 模型认知
项目实施	深化认识 从反应原理综合调控反应	探究 $CO_2 \rightarrow CH_3OH$ 的热力学动力学条件	基于方向、速率、限度视角认识改变条件调控反应的认知模型	判断结构 识别证据 推理论证 获取信息 处理数据	变化观念 平衡思想 证据推理 模型认知
项目展示	思维进阶 从工业现实综合认识工业生产	结合工业实际分析 CH_3OH 的最适宜条件	从反应原理、成本、环保视角认识工业生产的认知模型	分析数据 评价方案 归纳总结	科学探究 社会责任

七、教学活动

环节	教学活动及层次	活动设计意图,评价活动设计
	【情境引入】播放碳达峰、碳中和的科普视频。 【教师提问】虽然CO_2会导致温室效应,但在生活中也有重要用途,能举例吗? 【学生汇报】干冰、灭火、工业原料、气体肥料等。 【教师提问】为了实现碳中和的目标,人类对CO_2过量排放的应对措施有哪些? 【学生汇报】减少排放、捕集封存、转化利用。	通过举例,引导学生辩证看待CO_2的功与过,扭转对CO_2认识的偏差。教师进一步指出应将CO_2的量控制在一定范围内,全人类碳排放的最终目标是实现碳中和,引出CO_2的转化。
项目规划:创设情境,构建认识物质转化的一般思路	【教师发布任务】预测CO_2可能的转化路径,写出相关化学方程式,并说明理由。 【学生汇报】从物质类别角度:CO_2与H_2O、CaO、$NaOH$反应。从化合价角度:与C、Mg等反应。 【教师追问并引导】还可以从哪些角度预测CO_2可能的转化路径?解读CO_2的分子结构。将CO_2分子的横向呈现转为竖向呈现。 【教师发布任务】依照物质转化的认知模型,推测CO_2转化为CH_3OH可能的化学方程式。 【学生讨论汇报】 1.原料的确定。 (图略) 2.断键、成键分析。 (图略)	通过学生写反应方程式,并在对反应分类的基础上,提炼出物质转化的类别和价态视角,分析CO_2的分子结构,体会结构决定性质的思想。 学生通过绘图和模型拼接还原加成过程,宏微结合加深对反应断键、成键的理解,学会应用模型,实现知识的迁移。

续表

环节	教学活动及层次	活动设计意图，评价活动设计
项目规划：创设情境，构建认识物质转化的一般思路	3.化学反应方程式。 $CO_2(g)+3H_2(g) \longrightarrow CH_3OH(g)+H_2O(g)$ 【文献展示】学习CO_2催化加氢的研究进展，体会CO_2的多角度转化。（图略） 【建构分析模型】 CO_2转化路径： 物质类别——酸性氧化物 $\xrightarrow{+碱、碱性氧化物、盐}$ CO_3^{2-}、HCO_3^- 化合价——氧化剂 $\xrightarrow{+还原剂(C、Mg等)}$ CO、C 化学键——不饱和的酮基 $\xrightarrow{+H_2加成}$ $HCOOH$等	通过展示文献让学生感受到CO_2不仅能转化为无机物还能转化为有机物，建立起无机和有机的联系。为实现CO_2的多角度转化和实现碳中和打下坚实的理论基础。最终建立基于类别、价态、化学键视角认识物质转化的模型。
项目实施：深化认识，从反应原理综合调控反应	【教师过渡】项目规划中强调转化的可能性，而实现工业生产才能真正有利于社会。项目实施是将这些可能性转变为现实的反应，从方向、速率、限度方面探究工业上CO_2到CH_3OH的转化。 教师展示CH_3OH的用途，引导学生体会甲醇的重要性。 【教师提问】$CO_2(g)+3H_2(g) \longrightarrow CH_3OH(g)+H_2O(g)$是否真的有自发趋势？并给出相关反应的热力学数据。 ①$CO_2(g)+H_2(g) \longrightarrow CO(g)+H_2O(g)$ $\Delta H_1=+41\ kJ/mol$ ②$CO(g)+2H_2(g) \longrightarrow CH_3OH(g)$ $\Delta H_2=-90\ kJ/mol$ 【教师发布任务】计算$CO_2(g)+3H_2(g) \longrightarrow CH_3OH(g)+H_2O(g)$中的$\Delta H$，分析反应的自发性。 【学生汇报】$\Delta H=\Delta H_1+\Delta H_2=-49\ kJ/mol$，$\Delta H<0$，反应能否自发进行与温度有关。	通过计算ΔH与分析反应的自发性，学生落实了反应自发的热力学理论依据。

续表

环节	教学活动及层次	活动设计意图，评价活动设计
项目实施：深化认识，从反应原理综合调控反应	【教师提问】化学动力学把热力学的可能性变为现实，但真实的反应体系是复杂的，除了主反应，还存在生成CO的副反应，反应的速率和转化率与哪些条件有关？ 【学生汇报】温度(t)、浓度(c)、压强(p)、催化剂等。 【教师发布任务】寻找提高主反应速率和甲醇产率的反应条件，分析这些条件对副反应的影响。 【师生共同分析】需要优化反应条件。 | 反应条件		$p\uparrow$	$t\uparrow$	$c(CO_2$或$H_2)\uparrow$	催化剂 | |---|---|---|---|---|---| | 主反应 | 速度 | $v\uparrow$ | $v\uparrow$ | $v\uparrow$ | $v\uparrow$ | | | 方向 | → | ← | → | — | | 副反应 | 速率 | $v\uparrow$ | $v\uparrow$ | $v\uparrow$ | $v\uparrow$ | | | 方向 | — | → | → | — | 【教师追问】展示其他条件相同时，不同温度对CO_2转化率和CH_3OH选择性的影响图像（图略），选出生产CH_3OH的最佳温度。 【学生汇报】236 ℃。 【教师发布任务】讨论分析：为何会出现抛物线？ 【学生讨论汇报】主反应放热，副反应吸热，236 ℃后升高温度，主反应逆向移动程度大于副反应正向移动的程度，故CO_2的转化率降低，CH_3OH的选择性降低。 【学生补充】236 ℃之前，未达平衡，温度高，速率快，转化率和选择性高。236 ℃之后，催化剂活性降低。 【教师归纳】总结反应速率和化学平衡抛物线图像的答题模板，规范学生的语言描述。 【教师发布任务】根据下图（图略）信息，选出工艺生产最佳的压强和投料比。	寻找提高主反应速率和甲醇产率的反应条件，分析这些条件对副反应的影响，让学生体会条件的选择要从速率、平衡、副反应三个角度综合考量。学生完成任务后发现，压强和浓度可以兼顾速率、平衡、副反应三个角度，而温度无法兼顾，可见理论分析工业反应条件是有不足的，从而进行真实的实验，并对实验后的数据进行分析，优化反应条件。

续表

环节	教学活动及层次	活动设计意图，评价活动设计
项目实施：深化认识，从反应原理综合调控反应	【学生讨论汇报】 【师生总结】从方向、速率、限度的视角认识改变条件调控反应的认知模型。 （图略）	讨论分析为何会出现抛物线时，刚开始学生的回答并不完整，通过学生评价，完善认知角度，最后教师评价，规范学生的语言描述，拓展速率、平衡、副反应综合调控反应的思路。建立反应速率和化学平衡抛物线图像的解题思路，增强学生获取图像信息、应用理论解决真实问题的能力。 根据图像数据信息，选出工艺生产甲醇最佳的压强和投料比，进一步提升学生的图像提取能力，体会控制变量法在工业条件优化中的重要作用。
项目展示：思维进阶，从工业现实综合认识工业生产	【过渡】不同国家，不同公司的实际生产条件与同学们设计的条件不尽相同，如图所示（图略）。 【教师提问】设计实际生产条件时，还需要关注哪些因素？	讨论交流不同国家实际生产条件上的差异及其原因，让学生建立起真实的工业生产不光要考虑反应原理，还要综合考虑成本、环保等因素的认知模型。

续表

环节	教学活动及层次	活动设计意图，评价活动设计
项目展示：思维进阶，从工业现实综合认识工业生产	【学生讨论汇报】降低氢气和二氧化碳比可能是因为氢气成本高或资源稀缺。降低温度、压强可能是为了节约能源，减小对生产设备的要求。每个公司使用的催化剂都不相同，可能是发现了更高效的催化剂。 【教师拓展补充】2020年在海南省建成的年产5 000吨工业甲醇的试验装置，成为全球最大规模二氧化碳加氢制甲醇的工业装置，标志着我国在二氧化碳资源化利用领域已经走在了世界前列，对推动我国开展碳达峰行动具有重要意义。 【师生总结】建立从反应原理、成本、环保的视角综合认识工业生产的认知模型。（图略）	展示我国科学家在CO_2资源化利用领域的卓越表现，彰显中国为推进碳中和的大国责任和担当，培养学生的爱国主义情怀与社会责任感，树立正确的化学价值取向，深化节约资源和可持续发展意识。

八、板书设计

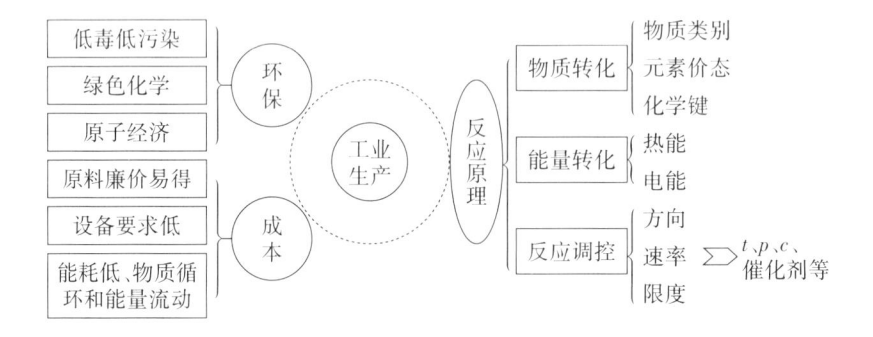

环保：低毒低污染、绿色化学、原子经济

成本：原料廉价易得、设备要求低、能耗低，物质循环和能量流动

工业生产 → 反应原理

反应原理：
- 物质转化：物质类别、元素价态、化学键
- 能量转化：热能、电能
- 反应调控：方向、速率、限度 ⇒ t、p、c、催化剂等

九、作业与拓展学习活动设计

（1）学生完成以CO_2合成二甲醚和甲醇载体的主观题（略）。

（2）学生完成综合能力评价单（略）。

（3）学生完成自我评价单（略）。

十、教学反思与改进

（1）学生完成以CO_2合成二甲醚和甲醇载体的主观题，得分率如下（图略）。发现项目式学习能帮助学生理解和应用知识，能将课堂所学主动迁移至新问题中。

（2）学生完成综合能力评价单，数据显示项目式学习对学生综合能力提升有促进作用。

（3）学生完成自我评价单，结果显示学生对化学学科的理解、对化学研究方法的掌握以及对化学学科价值的认识，都显著提升。

本节课基于深度学习的项目式学习，以CO_2为载体经过3个子项目的层层深入，让学生能将已有的结构、原理、有机模块知识重构，使知识结构化，建立迁移应用的模型。通过分析真实情境的工业调控问题，理论结合实际，提高学生解决真实问题的能力，落实化学核心素养培养。通过展示我国科学家在CO_2资源化研究中的贡献，将爱国主义情怀、社会责任感的培养融入课堂。项目式学习强调学生的深度投入和体验，使学生掌握的知识更具稳定性和迁移价值。

第三篇

生物

教研室概况

重庆第二外国语学校生物教研室从以下几个方面开展生物科学教育活动：

创建符合学生身心、个性化需求的生命教育第一、第二、第三课堂，构建生命场景课程体系，发展深度学习的生命教育多种教学范式，尝试建立多维评价体系，自主编写基于深度学习的生物学学历案，自主命制试题。

搭建生物探究与实践活动平台。在生物老师指导下，建立了多个生物社团，如生物科技创新社、标本制作社、生物建模社、校园植物协会。在李才猛、姜小明老师的指导下，生物科技创新社高二(6)班杨鹏俊、冯炳源、张誉羚、杨佳豪4名同学，带着作品"智能口罩识别及测温系统"参加第七届中国国际"互联网+"大学生创新创业大赛萌芽赛道重庆赛区选拔赛，以全市第6名的佳绩荣获创新潜力奖。孟雪阳、朱静、代丽带领的学生参加创新大赛获市一等奖；代丽组织学生参加第三届青少年生物多样性探究大赛，荣获重庆市一等奖；学生参加第四届全国中学生环境保护作文大赛，荣获重庆市一等奖。

搭建教师专业成长协作平台，提升教、学、产、研的专业化发展水平。

（1）研究开发涵盖整个高中生物学必修、选修、奥赛的"5E深学"第一场景式生命教育课程。

（2）国际优质生物教学资源整合。我校孟雪阳老师2016年在美国麻省理工学院交流访问期间，带领美国中学生完成《泡菜的制作》，该教学视频在麻省理工学院在线课程Blossoms官网上线，全球共享。通过引进美国中学生物教学探究合作共享的理念，促进了学生在生物课堂上个性化发展，并开发地方及校本课程，形成我校特有的场景式生命教育课程体系。

（3）目前，组内区级课题"初高中生物衔接性教学研究"结题，正在推进市级重点课题"高中生物学做创研究"。

（4）学校引导、支持、鼓励生物教师参加市、区各种比赛。通过比赛提升生物教师的专业能力和综合素质，打造了一支理念先进、专业技术过硬的生物名师队伍。张义钦和朱静老师获区级赛课一等奖、市级赛课二等奖；鄢华寿获市级说课二等奖，论文多次获市级、国家级一等奖；白亚娟获2020年区级赛课一等奖、2021年市级赛课一等奖；文礼、谢梦宇、代丽获区级赛课一等奖。通过参加比赛，以赛促教师专业素养提升。

（5）学校每年举行一次开放月活动，让生物组教师与市内外名校开展同课异构活动，并请专家引领指导。

（6）学校推行"青蓝工程"，建立生物青年教师培养机制，对青年生物老师进行一对一培养，为他们的快速成长奠定基础。

（7）通过科研项目推进工作，培养一批劳动实践能力强的生物教学骨干教师。孟雪阳2018年被评为市级骨干教师，鄢华寿2020年被评为区级骨干教师，朱静2021年被评为区级成长型骨干教师，代丽2023年被评为区级骨干教师。

学科理论基础

近年来,生物教研室致力于探索、实践基于深度思维、深度探究、深度实践的场景式生命教育。

以发展生物学学科核心素养为目的,学生在深度学习理论指导下进行的科学思维、科学探究与科学实践分别被称为深度思维、深度探究、深度实践。

任何生命事件都是发生在细胞内、由基因主导的物质与能量相互作用的过程。生命事件至少应该具备一些必要条件,这些条件要素就构建出了生命事件的简约场景。生命事件的场景分为发生、发展的客观时空状态(复杂真实场景),以及充分必要条件构建的、高度抽象的时空形象(简约抽象场景)。

场景式生命教育类似于情境式生命教育,但情境式生命教育强调的情境是真实复杂的、夹杂许多生命事件的非必要元素(真实场景),而场景式生命教育更强调从真实情境中剥离、抽象出必要的(显性和隐性)要素,重构生命事件的简约场景。这些必要要素包括:微观或宏观生命活动的物质或结构主体、时间、空间、起因(内因与外因)、经过(动态过程)、结果。学生置身于真实或师生重构的生命场景,通过深度思维、深度探究、深度实践,发现生命规律、形成生命观念、发展思维能力、培养科学探究和社会责任担当精神。

探索深度学习模式,打造生物教师深度学习团队,需要建设如下"三个课堂生命场景"。

第一课堂生命场景。它是与生命相关的由文字图表等构成的间接经验生命场景,是生物知识学习的主阵地——生物课堂教与学。其目标是使学生关注生命,理解生命本质,发展生物学学科核心素养。

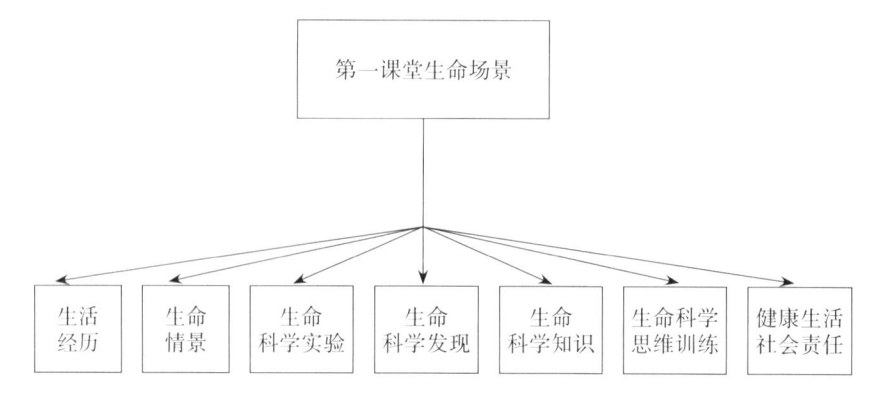

```
                    第一课堂生命场景
   ┌────┬────┬────┬────┬────┬────┐
  生活  生命  生命  生命  生命  生命科学 健康生活
  经历  情景  科学  科学  科学  思维训练 社会责任
              实验  发现  知识
```

第二课堂生命场景。它是生命体实物构成的直接经验生命场景。借助于生物实验室的探究,直接体验鲜活的生命现象,学生可以学会关爱生命、关爱自己,发展生物学学科核心素养中的深度"科学探究"。第二课堂生命场景不仅是实验室场景,还包括教学模具室、标本展览室、生物技术实作园地、室内蔬菜工厂、生物标本制作室等。

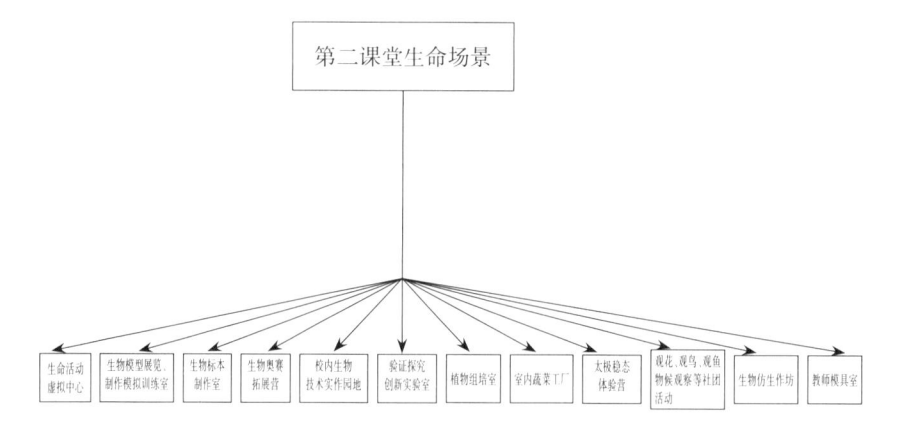

```
                     第二课堂生命场景
   ┌─────┬─────┬─────┬─────┬─────┬─────┬─────┬─────┬─────┬─────┬─────┐
  生命    生物模型  生物标本  生物奥赛  校内生物  验证探究  植物组培室  室内蔬菜  太极稳态  观花、观鸟、观鱼  生物仿生  教师模具室
  活动    展览制作  制作室    拓展营    技术实作  创新实验室            工厂      体验营    等社团活动        生作坊
  虚拟中心 模拟训练室                    园地
```

第三课堂生命场景。校内外的第三课堂生命场景建设尚在探索中,学校已和高校生物实验室、科研院所药材基地、学校周边农户合作建立劳动实践合作项目。通过劳动实践,学生可以体验社会、亲近自然,学生爱世界、爱未来的欲望被唤醒、激活、放大,从而成长为具有"社会责任"的建设者。(鄢华寿 撰写)

教学范式

一、新授课范式1

新课改对高中生物课堂教学提出了新要求,在生物新授课教学中如何实现深度学习? 高2025级生物备课组经过一学年的实践,总结出了生物新授课深度学习范式:

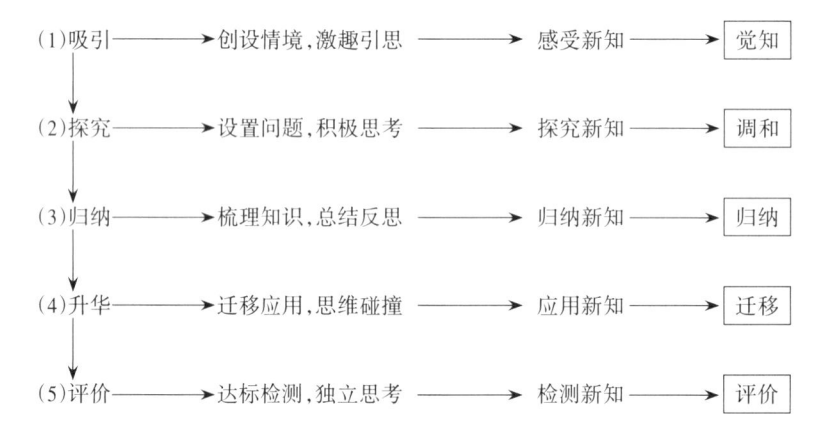

(1)吸引 ——→ 创设情境,激趣引思 ——→ 感受新知 ——→ 觉知

(2)探究 ——→ 设置问题,积极思考 ——→ 探究新知 ——→ 调和

(3)归纳 ——→ 梳理知识,总结反思 ——→ 归纳新知 ——→ 归纳

(4)升华 ——→ 迁移应用,思维碰撞 ——→ 应用新知 ——→ 迁移

(5)评价 ——→ 达标检测,独立思考 ——→ 检测新知 ——→ 评价

二、新授课范式2

高2024级生物备课组关于深度学习的认识:基于"理解"学习,给出情境,让学生结合生物学学科核心素养中科学思维、科学探究的方法进

行分析,在此过程中培养学生的生命观念(让学生"知其然,知其所以然"),最后使学生能用所学的知识来解决现实生活中相关生物学问题(体现社会责任)。其总结出的新授课范式如下:

环节	目的	具体操作步骤
觉知	激发学生学习兴趣,引入新知	1.视频资料。 2.【问题探讨】【从社会中来】。 3.复习旧知识,引入新问题——温故而知新【知识过渡】。
调和	构建"概念""模型"——基于理解的学习(知其然,知其所以然)是深度学习的核心阶段。	1.教师给出背景资料(教材内容、补充内容)和相关的问题串,让学生先找出资料的相关信息,再结合问题串分析来构建"概念""模型"。 2.教材插图的应用:插图中关键信息的分析和隐含内容的挖掘。结合问题串分析来构建"概念""模型"。 3.教材"思考·讨论"的使用:通过给出资料中的相关信息和示意图中的关键信息,分析和挖掘隐含信息,再结合"思考·讨论"中的相关讨论,结合生物学核心素养中的科学思维要求进行分析讨论,培养学生的思维能力。 4.教材"探究·实践"的使用:结合教材知识和生物学学科核心素养中的科学探究要求进行分析讨论,培养学生的科学探究能力。 5.教材旁栏内容的使用:学习旁栏思考题和知识链接,让学生结合所学知识深度理解。
归纳	归纳总结本节课所学知识,与前面所学知识进行比较。	1.构建知识的"概念图"。 2.列表比较分析。
迁移	用所学知识解决相关生物学问题,加深对生物学概念的理解。	1.【问题探讨】【从社会中来】【到社会中去】。 2.【与社会的联系】。 3.【科学·技术·社会】。 4.课后【拓展应用】。

三、"5E深学"教学范式

1. 觉知阶段（Engagement）

教师创设情境吸引学生，学生深度"联系经验"——激发学习兴趣，生成问题，指向学习目标。（感性认识，觉知初阶）

2. 调和初阶（Exploration）

教师设置探究活动，学生深度参与"活动实践与体验"——开展自主阅读、合作探究，并发现疑难问题。（感性认识，觉知深入，调和初阶）

3. 调和深入（Explanation）

教师设置解释活动，引导学生解决问题，运用已知的知识，基于证据逻辑进行推理性猜测，师生整理、解释问题。（理性认识初期，调和阶段）

4. 归纳建构（Elaboration）

教师设置解释活动，总结解决问题过程，提炼新概念、原理和规律，梳理知识体系，补充、拓展、完善认知结构，将知识"结构化"，构建大单元概念体系。（理性认识中期，归纳阶段）

5. 迁移评价（Evaluation）

教师设置迁移活动，学生深度发现"本质与变式"——运用习得的认知，解决新情境下的新问题。（理性认识的后期，理论指导实践，迁移阶段）

在5E深学课堂中，学生通过主动的全身心的深度学习活动，分析生命现象，探索生命规律，提升生命观念、科学思维、科学探究、责任担当等方面的生物学学科核心素养。

课例

蛋白质是生命活动的主要承担者

设计者：张义钦

一、教学内容分析

1. 基于课标

《普通高中生物学课程标准（2017年版2020年修订）》要求：阐明蛋白质通常由20种氨基酸分子组成，它的功能取决于氨基酸序列及其形成的空间结构，细胞的功能主要由蛋白质完成。

2. 基于教材

本课是人教版普通高中教科书生物学必修1第2章第4节的内容，主要包括蛋白质的功能、蛋白质的基本组成单位——氨基酸、蛋白质的结构及其多样性三部分内容。本节课的学习可培养学生"生物体的结构与功能相适应"的生命观点和科学思维。

二、学习者情况分析

学生在第2章第1节学习了检测生物组织中的蛋白质的实验，实验大大激发了学生的学习兴趣,这为本节课的学习奠定了基础。但学生缺乏有机化学的知识,这给学生学习氨基酸和蛋白质的结构带来了困难。

三、学习目标设定

(1)归纳概括氨基酸的结构通式和特点,阐明氨基酸是蛋白质的基本组成单位。

(2)分析蛋白质分子结构多样性和功能多样性的关系,举例说明蛋白质的结构是与功能相适应的。

(3)说出氨基酸构成多肽链或蛋白质分子的过程。

(4)阐明蛋白质是生命活动的主要承担者,认同蛋白质与人体营养、健康等关系密切。

四、教学重难点

教学重点:蛋白质的结构和功能;氨基酸的结构特点及其形成蛋白质的过程。

教学难点:氨基酸形成蛋白质的过程;蛋白质的结构和功能多样性的原因。

五、评价设计

通过构建蛋白质功能和结构的概念图,形成蛋白质结构与功能相适应的生命科学观;通过多种形式的探究活动,发展学生的科学思维能力。

六、教学活动

教学环节	教学活动及层次	活动设计意图	评价活动设计
觉知	教师展示演示实验：验证大豆、鸡蛋中含有蛋白质。 提出问题：蛋白质有哪些功能？与功能相适应的蛋白质的结构是怎样的？ 从而引出本课。	创设情境，激趣引思。	让学生在观察实验现象的过程中产生问题，从而导入新课。
调和	引入新课后，教师依次展示如下探究问题。 探究问题一：蛋白质的功能主要有哪些？ 学生观察图文资料，总结蛋白质功能。 探究问题二：蛋白质的基本单位（氨基酸）的结构有什么特点？ 学生观察各种氨基酸模型，找出相同点和不同点，总结出氨基酸的结构通式并尝试描述。 探究问题三：氨基酸是如何组成蛋白质的呢？ 学生观察教材脱水缩合反应式，小组合作利用写有氨基酸的磁铁片构建二肽、三肽、多肽。在合作中发现问题并合作解决问题。观察氨基酸形成血红蛋白的动画，让学生对氨基酸形成蛋白质的过程有一个完整的概念。 探究问题四：组成人体蛋白质的氨基酸有21种，从理论上讲能构建出多少种蛋白质呢？ 学生小组合作用回形针摸索构建，总结出蛋白质结构多样性的原因。	问题引领，思维碰撞。	让学生在问题串的引领下，通过观察归纳、模型建构、交流讨论等学习方式，形成氨基酸、脱水缩合、肽键、二肽、多肽、肽链等概念，理解蛋白质结构多样性的原因。

续表

教学环节	教学活动及层次	活动设计意图	评价活动设计
归纳	完善概念图。总结得出蛋白质所承担的功能与它的结构相适应,结构改变可影响其功能的结论。	梳理新知,总结反思。	以小组为单位完善概念图。建立各知识点的逻辑联系,培养学生思维的系统性,深化"结构功能观"的生命观念。
迁移	教师创设以下情境资料,引导学生进一步思考: 资料1:加酶洗衣粉使用中的疑问。 资料2:外科医生给病人做手术使用的手术缝合线是什么? 资料3:认识结晶牛胰岛素。	新知应用,发散思维。	小组合作分析资料中的问题,并在组间交流。

七、板书设计

(略)

八、作业与拓展学习活动设计

通过网络调查"大头娃娃""减肥伪科学""胶原蛋白"等感兴趣的蛋白质相关话题,做成电子板报,在班级交流,形成"关爱生命健康,关心科技发展"等社会责任感。

九、教学资源与技术手段说明

人教版教材必修1、学历案、PPT、回形针、氨基酸磁铁片等。

十、教学反思与改进

本节课的主要教学内容是蛋白质的结构和功能。氨基酸的结构特点和氨基酸脱水缩合的过程内容抽象,而且学生缺乏相关的有机化学的知识,不易理解。

在本节教学案例中,我精心设计探究问题,有计划组织学生进行模型建构活动,充分体现出教师的深度教学引领学生的深度学习,从而达成本节课的教学目的。

要做到深度教学,我认为:一是坚持问题导向,培养学生高阶思维;二是立足情境教学,注意知识迁移和问题解决;三是运用信息技术,精准教学。倡导深度学习是走向素养培养的一次教学改革,只有平时对知识的"深入",才会有解题时的"浅出",才能实现真正意义上的全面发展和成长。

细胞膜的结构和功能

设计者:谢梦宇

一、教学内容分析

1.基于课标

《普通高中生物学课程标准(2017年版2020年修订)》要求:说出细胞主要由C、H、O、N、P、S等元素构成,它们以碳链为骨架形成复杂的生物大分子。指出水大约占细胞重量的2/3,以自由水和结合水的形式存在,赋予了细胞许多特性,在生命活动中具有重要作用。举例说出无机盐在细胞内含量虽少,但与生命活动密切相关……对细胞结构的探索一般是从外到里,所以先介绍细胞的边界——细胞膜。

2.基于教材

本课是人教版普通高中教科书生物学必修1第3章的第1节的内容,在此之前学生已经学习了组成细胞的物质,包括无机物和有机物。

二、学习者情况分析

本次上课的学生整体基础较好,积极性比较高,既能够独立思考各种生物学问题,也能积极讨论、合作探究。

三、教学目标设定

(1)细胞各部分结构既分工又合作,共同执行细胞的各项生命活动。

(2)概述细胞都由细胞膜包裹,细胞膜将细胞与其生活的环境分开,能控制物质进出,并参与细胞间的信息交流。

(3)构建并使用细胞模型,阐明细胞各部分结构通过分工与合作,形成相互协调的有机整体,实现细胞水平的各项生命活动。(生命观念、科学思维、科学探究)

(4)通过"染色排除法"实验分析细胞膜的功能,阐明细胞膜作为系统的边界所具有的功能。

(5)通过探索细胞膜组成成分,说明细胞膜结构的物质基础。

(6)分析细胞膜成分的探索历程,认同科学理论的形成是一个在科学精神、科学思维和技术手段结合下不断修正与完善的过程。

四、教学重难点

(1)细胞膜的功能。(重点)

(2)对细胞膜结构的探索。(难点)

(3)流动镶嵌模型。(重难点)

五、评价设计

根据所学内容,能够厘清细胞膜的结构及其功能,并理解结构与功能相适应的关系。

六、教学活动

1.环节一

(1)吸引。师:一个国家有陆地、海域、领空的边界,人体与外界的边界是皮肤和黏膜。系统的边界对于系统的稳定至关重要。细胞有边界吗?

生:细胞作为一个基本的生命系统,它的边界就是细胞膜,也叫质膜。

(2)探究。阅读教材第40~41页"细胞膜的功能",观察下面的细胞(图略)。说出细胞膜的功能。

资料一:看教材第40页图3-1"推测的原始海洋景观想象图",原始生命孕育在原始海洋中,膜的出现是生命起源过程中至关重要的阶段,它将生命物质与外界环境分隔开,产生了原始的细胞,并成为相对独立的系统。细胞膜保障了细胞内部环境的相对稳定。

资料二:台盼蓝,是一种有机化合物,常用作细胞活性燃料,用于检测细胞膜的完整性,进而检测细胞是否存活。活细胞不会被染成蓝色,而死细胞会被染成淡蓝色。这种方法叫染色排除法。通过这种方法我们知道细胞膜的第二个功能是控制物质进出细胞。细胞膜像海关或边防检查站,对进出细胞的物质进行严格的"检查"。那细胞是以什么标准控制物质进出细胞呢?细胞需要的葡萄糖、氨基酸等营养物质可以从外界进入细胞,细胞经过新陈代谢产生的二氧化碳、尿素等代谢废物要排到细胞外,细胞内合成的抗体、激素等物质要分泌到细胞外起作用,但是细胞内有用的成分却不会轻易流失到细胞外。因此活细胞的细胞膜功能特点是:选择透过性。但细胞膜不是金钟罩或铁布衫,有时环境中的一些对细胞有害的物质有可能进入,有些病毒、病菌也能侵入细胞,使生物体患病。这说明细胞膜的控制作用是相对的。

资料三:日常生活中我们有这样的经历,鼻子接触香水分子,大脑皮层能产生"香"的感觉。这个例子说明细胞间能够进行信息交流。

(3)升华。细胞间信息交流的方式多种多样,教材中举了3种细胞间进行信息交流的方式。请同学们阅读教材第41页图3-2,结合文字学习细胞间信息交流的方式。

讲解:细胞间间接接触——如内分泌细胞分泌的激素(如胰岛素),随血液到达全身各处,与靶细胞的细胞膜表面的受体结合,将信息传递给靶细胞。细胞间直接接触——发出信号的细胞与靶细胞两个细胞的细胞膜接触,信息从一个细胞传递给另一个细胞。……

(4)归纳。细胞膜的功能有3个,分别是将细胞与外界环境分隔开、控制物质进出细胞、进行细胞间的信息交流。

思考:细胞膜的"控制物质进出细胞"功能与"将细胞与外界环境分隔开"功能矛盾吗?这两个功能分别从细胞膜的不同角度描述细胞膜作为系统边界的作用。

学生讨论并推理得出:细胞膜要能够接收外界信息和释放信息,与体内其他细胞进行信息交流。由此知细胞膜还具有参与完成细胞间信息交流的功能。在多细胞生物体内为什么要有上述的功能?在多细胞生物体内,各个细胞都不是孤立存在的,它们之间必须保持功能的协调,以使生物体健康生存。

2.环节二

学生阅读教材第42~45页,探索细胞膜的结构。笔记:细胞壁是全透性的,不能控制物质进出细胞。是细胞膜将细胞与外界环境分隔开,控制物质进出细胞,进行细胞间的信息交流。

(1)吸引。细胞膜有这样的功能是由它的成分和结构决定的。但是细胞膜非常薄,即使在高倍显微镜下依然难以看清楚它的真面目,人们对细胞膜化学成分与结构的认识经历了很长的过程。具体是如何研究的呢?让我们跟随科学家的脚步一起来研究细胞膜的成分。

(2)探究。资料一:1895年,欧文顿用500多种化学物质对植物细胞的通透性进行上万次实验,发现细胞膜对不同物质的通透性是不一样的:可以溶于脂质的物质比不能溶于脂质的物质更容易通过细胞膜。据此可以做出什么推测?根据相似相溶原理推测细胞膜是由脂质组成的。相似相溶原理是说物质易溶于结构相似或极性相同的溶剂中。相似是指溶剂和溶质在结构上相似或极性上相同。相溶是指溶质与溶剂彼此扩散、互溶。

请同学们思考:欧文顿的实验对细胞膜成分的认识是通过对现象的推理分析,是一种推测,也可以说是一种假说。是科学家欧文顿根据已有的知识,如相似相溶原理等知识,对此实验现象提出的一种解释,并没有提取到细胞膜,也就是没有经过实验的验证。

请同学们回忆:我们在第2章学习的脂质包括哪些种类?脂质包括脂肪、磷脂和固醇等。假如你是科学家,在知道了脂质包括很多种类后,接下来需要做什么?进一步确定细胞膜的脂质具体成分类型。

资料二:科学家利用动物卵细胞、红细胞、神经细胞等作为研究材料,并利用哺乳动物的红细胞,通过一定的方法制备出纯净的细胞膜,并对其进行了化学分析。

请同学们阅读教材回答下列问题:科学家利用哺乳动物红细胞制备细胞膜,进行化学分析的结果是什么?(阅读教材第42页第二段)细胞膜的脂质有磷脂和胆固醇,其中磷脂含量最多。这也正好帮助同学们理解在第2章学习的磷脂是构成细胞膜的重要成分,胆固醇是构成动物细胞膜的重要成分。磷脂的结构是怎样的呢?请同学们观察磷脂分子结构式。

教师讲解:磷脂分子由一分子磷酸及其衍生物、一分子甘油和两分子脂肪酸组成,其中磷酸及其衍生物一端是亲水头部,两分子脂肪酸一端是疏水尾部……

思考:如果将磷脂分子置于水-苯的混合溶剂中,磷脂分子将会如何排列?磷脂分子头部朝向水环境,尾部朝向苯等疏水环境。苯换成油也是一样的。

资料三:1925年,两位荷兰科学家戈特和格伦德尔用丙酮从人的红细胞中提取脂质,在空气—水界面上铺展成单分子层,测得单层分子的面积恰为红细胞表面积的2倍。可以做出什么推测?请学生绘制磷脂分子在空气—水界面上铺展成单分子层的模型图。

推断:细胞膜中的磷脂分子必然排列为连续的两层。

磷脂分子为什么会是这样的排列呢?

解释:当磷脂分子的内外两侧均是水环境时,磷脂分子的"尾部"相对排列在内侧……

思考:在分析细胞膜成分时为什么使用哺乳动物或人的红细胞?

解释:哺乳动物或人的成熟红细胞没有细胞核和众多的细胞器……

资料四:1935年,丹尼利和戴维森研究了细胞膜张力,发现细胞的表面张力明显低于油—水界面的表面张力。

已有知识:人们已经发现了油脂滴表面如果附有蛋白质成分,则表面张力会降低。

假说:细胞膜除含脂质分子外,可能还附有蛋白质。

到此,我们沿着科学家的脚步,逐步认识到细胞的组成成分是脂质和蛋白质。

有很多科学家对细胞膜的成分进行了实验探究,这里就不一一列举,仅给同学们补充下面的一个资料。

资料五:科学家陆续测定了不同细胞的细胞膜的化学组成,请结合教材第43页,概述细胞膜的成分组成。

(3)归纳。细胞膜成分如下:不同的细胞膜均主要由脂质、蛋白质组成,含有少量糖类。在不同细胞膜中各成分的含量不同。这与细胞膜的功能有关。尤其是蛋白质:功能越复杂的细胞膜,蛋白质的种类和数量越多。举例:癌细胞的恶性增殖与转移和癌细胞膜成分的改变有关。比如癌细胞膜上的糖蛋白含量异常会导致癌细胞容易转移。在细胞癌变的过程中,细胞膜的成分发生改变,有的产生甲胎蛋白和癌胚抗原等物质。因此在检查癌症的验血报告中有甲胎蛋白和癌胚抗原等检测项目。如果这些指标超过正常值,应做进一步检查,以确定体内是否出现了癌细胞。

(4)升华。细胞膜由脂质、蛋白质和糖类组成,那脂质和蛋白质等成分是如何组成细胞膜的呢?20世纪40年代曾经有学者推测脂质两边各覆盖着蛋白质。20世纪50年代,电子显微镜诞生,科学家用它来观察细胞膜。于是1959年,罗伯特森利用电子显微镜看到了细胞膜清晰的暗—亮—暗的三层结构。罗伯特森结合其他科学家的工作大胆提出了细胞膜模型的假说:所有细胞膜都是由蛋白质—脂质—蛋白质三层结构构成。亮层是脂质分子,暗层是蛋白质分子。我们习惯把蛋白质—脂质—蛋白质模型称为"三明治"模型。

解释:蛋白质电子密度高发暗,磷脂分子的电子密度低发亮。而且罗伯特森把细胞膜描述成静态的结构。"蛋白质—脂质—蛋白质"这种静态膜模型能解释蛋白质帮助物质运输,却不能解释细胞的生长、细胞膜的变形能力。

请同学们观看变形虫摄食纤毛虫过程中的变形运动,以及受精卵卵裂过程中细胞的生长、分裂。如果细胞膜是静态的结构,那么这些现象就难以解释了。

再给大家补充资料:在电子显微镜下,细胞膜的厚度约为7~8 nm,是单层磷脂厚度的两倍。但如果按照"三明治"模型,加上两侧的蛋白质,膜的总厚度应当超过20 nm。如果你是科学家,在掌握了电镜照片和膜厚度的证据后,你对细胞膜结构会有什么想法呢?科学家不断对细胞膜的结构进行探索……

请同学们阅读教材第44~45页,回答:流动镶嵌模型中基本支架是什么?蛋白质怎样分布在磷脂双分子层中?磷脂双分子层构成了膜的基本支架。蛋白质分子有的镶在磷脂分子表面,有的部分或全部嵌入磷脂双分子层中,有的贯穿于整个磷脂双分子层。请同学们继续阅读教材第45页,找一找细胞膜具有流动性的表现。阅读教材第45页楷体字段落,判断图3-5中哪一侧是细胞膜的外表面。细胞膜外表面有糖类分子,它可以与蛋白质分子结合形成糖蛋白,或与脂质分子结合形成糖脂,这些糖类分子叫作糖被。糖被与细胞表面的识别、细胞间的信息传递等功能有关。

七、板书设计

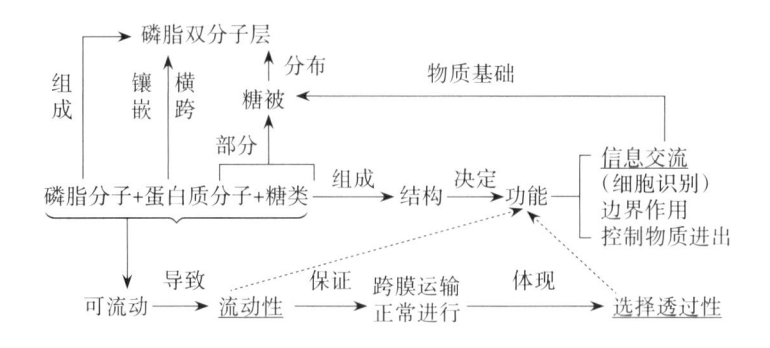

(板书结构图：组成→磷脂双分子层、镶嵌横跨部分→糖被→分布；磷脂分子+蛋白质分子+糖类 组成→结构 决定→功能（信息交流（细胞识别）、边界作用、控制物质进出）；物质基础；可流动→导致→流动性→保证→跨膜运输正常进行→体现→选择透过性)

八、作业与拓展学习活动设计

请查阅相关资料，了解细胞膜的结构与功能相适应的体现。

九、教学资源与技术手段说明

新人教版选择性必修1、教师用书、PPT、鸿合交互式一体机等。

十、教学反思与改进

授课后，我与重庆市教研员、南岸区各兄弟学校老师交流了本次课的一些心得，自己也觉得在有些地方做得不够好，主要有：语速较快，没有给同学们更多的思考时间；本堂课在教学设计上是准备把细胞膜的流动镶嵌模型讲完的，但是探究实验过程中花了较多时间，导致最后一部分内容没有上完，整体上缺乏完整性。公开课的课堂效果固然重要，但是归根到底还是要回归教材，不能因为是公开课就只注重形式。

DNA是主要的遗传物质：肺炎链球菌的转化实验

设计者：廖雅莉

一、教学内容分析

1.基于课标

课标对本内容的要求是"概述多数生物的基因是DNA分子的功能片段，有些病毒的基因在RNA分子上"，对学生的科学探究学科素养的培养提出了要求，同时要求采用探究式学习活动开展教学工作。

2.基于教材

本课是人教版普通高中教科书生物学必修2《遗传与进化》中第3章第1节的内容。本节起着承上启下的作用，学生只有真正理解这部分内容，才能在生物性状遗传和变异的复杂现象中，从根本上懂得生物遗传和变异的实质和规律。本节内容是继前两章学习了"遗传因子的发现"和"基因和染色体的关系"后的深化学习，即对有关细胞学基础（如有丝分裂、减数分裂和受精作用）、染色体在前后代遗传中所起的联系作用、染色体的主要成分是DNA和蛋白质等知识有了一定理解后来学习的。在相当长的时间里，人们把蛋白质当作遗传物质。那么，遗传物质是DNA还是蛋白质呢？教材在此埋下伏笔，然后通过两个经典实验证明了

DNA是遗传物质,最后列举少数生物只有RNA而没有DNA的事实,得出"DNA是主要的遗传物质"这一结论。

二、学习者情况分析

通过前两章的学习,学生已经具备了减数分裂和受精作用、基因等有关知识,这为新知识的学习奠定了认知基础。同时高一学生也具备了一定的认知能力,思维的目的性、连续性和逻辑性也已初步建立,但还不是很完善。他们对事物的探究有激情,但往往对探究的目的及过程,结论的形成缺乏理性的思考。因此,在教学中,应发挥教师的主导作用,优化课堂结构,善用科学史实例,把知识的传授过程优化成一个科学的探究过程,让学生在探究中学习科学研究的方法,为学生自觉、顺利学习本节内容提供保证。

三、教学目标设定

(1)理解遗传物质的特性及其与染色体的关系。

(2)分析肺炎链球菌转化实验,理解实验过程。

(3)通过设计相关实验,探究遗传物质的本质。

(4)认同DNA是遗传物质。

四、教学重难点

教学重点：

肺炎链球菌转化的实验原理和过程。

教学难点：

(1)肺炎链球菌转化的实验原理和过程。

(2)证明DNA是遗传物质的实验的关键设计思路。

五、评价设计

在本节课堂当中，主要围绕科学史中探究遗传物质本质的三大实验进行，在教学过程中通过设疑激趣、任务驱动等不同方法，让学生充分参与到科学探究的过程之中。

六、教学活动

步骤	教学活动及层次	活动设计意图	评价活动设计
觉知	多媒体播放：多种多样鱼类的视频。 创设问题情境，教师提问：以上视频中的这些鱼在鱼鳍、鱼鳞、身形等许多方面都存在相似的特征，但它们却不属于同一个物种。那么，如果我们想要鉴定两个动物是否是一个物种，最科学、最可靠的方法是什么呢？ 同学们基于已学知识回答：通过分析其遗传物质——基因。	设疑激趣，以学生所熟悉的鱼引入，学生可能会认为其中一些非常相似的个体属于同一个物种，但它们却有不同的名字，属于不同物种。找到学生的认知冲突点，激发学生的学习兴趣和探究热情。	抓住学生可能存在的认知冲突，能够有效提升学生的学习热情。

续表

步骤	教学活动及层次	活动设计意图	评价活动设计
觉知	教师对学生的回答给予充分的肯定：没错，从孟德尔提出遗传因子的存在，到约翰逊将其命名为"基因"，再到摩尔根用果蝇杂交实验证实"基因在染色体上"，科学家一直在苦苦追寻遗传物质到底是什么。那么现在就让我们带着对遗传物质本质的好奇正式进入今天的学习——DNA是主要的遗传物质。		
调和、迁移	多媒体播放：格里菲思的体内转化实验——肺炎链球菌的转化实验。 视频播放结束后，通过设置问题串，引发学生对整个探究过程进行思考。 问题一：以上四组小鼠实验哪一组的实验结果最让你感到疑惑？原因是什么呢？ 学生回答：第四组。通过第一、二、三组实验的对比，可以发现单独向小鼠注射S型活细菌，小鼠会死亡；单独向小鼠注射R型活细菌或加热致死的S型细菌，小鼠不死亡。而第四组将R型活细菌与加热致死的S型细菌混合后注射，小鼠却会死亡。 教师肯定学生的发现，并进一步提出问题：那你认为第四组实验中使小鼠死亡的可能是什么？ 学生思考后回答：可能是活的S型细菌。	以问题串的形式引导学生一步步去开展实验、分析实验，使前后内容的衔接和过渡更为自然，让学生在课堂的学习过程中拥有较强的自主性，在解决问题、对新问题进行解疑的过程中逐步提升自己分析问题、解决问题的能力，充分理解科学探究的过程。同时这能提升学生的科学思维，使其感受到科学探究的过程并不是一帆风顺的，只有坚持不懈，保持求知的劲头，才有可能获得成功；并且要敢于向传统认知发出挑战、进行质疑，用实	以问题串引导学生进行探究活动，循序渐进地培养学生的科学探究学科素养，学生也能够在这个过程中体会科学探究的过程，能够更好地提升其分析问题、解决问题的能力。

续表

步骤	教学活动及层次	活动设计意图	评价活动设计
调和、迁移	教师：非常好，格里菲思确实从第四组的死亡小鼠体内分离出了S型活细菌，那么请同学们猜测一下，是什么原因导致第四组出现了活的S型细菌呢？ 学生提出猜想：可能是加热致死的S型细菌里的某种物质促使R型活细菌转化为S型活细菌。 教师接着发问：格里菲思当时也提出了这个观点，认为存在某种转化因子导致了上述现象的出现。那细菌内有哪些物质呢？如果想要确定这种物质到底是什么，我们可以怎么去做呢？有人认为这个过程中可能受到了小鼠体内一些因素的影响，如果想要排除这些干扰，应当如何去做？我们能否在体外条件下培养肺炎链球菌？又应当如何做呢？ 学生思考后依次回答：细菌的细胞内含有蛋白质、DNA、RNA、多糖、脂质等。可以将加热致死的S型细菌内所含有的物质一一提取出来，再将其与R型活细菌混合后在培养基上进行体外培养，观察培养基上长出的菌落的形态。 教师对学生的回答予以肯定，但与此同时补充说明并对学生进行引导：受到当时技术条件的限制，难以做到将细胞内所含有的物质（多糖、脂肪、蛋白质、DNA、RNA等）提纯，我们是否有更好的办法呢？比如将细胞内所含有的物质通过某种方法一一消除，可行吗？	验证据说话，这样才能不断取得进步。在学生说出自己的想法后，先对学生予以肯定，若需完善再进行适当补充，使学生感受到学习的成就感，给予他们正向的反馈和引导。	

续表

步骤	教学活动及层次	活动设计意图	评价活动设计
调和、迁移	学生基于已学知识和预习所获，回答：可以采用酶解法将加热致死的S型细菌中的各种物质分别除去，制成细胞提取物，观察其与R型活细菌混合后，是否产生活的S型细菌。 教师肯定学生的回答，并梳理艾弗里的实验流程：第一组，将细胞提取物加入有R型活细菌的培养基中，结果出现了S型活细菌；第二至第四组，分别用蛋白酶、RNA酶或酯酶处理后，细胞提取物仍然具有转化活性；第五组，用DNA酶处理后，细胞提取物就失去了转化活性。 基于以上实验现象艾弗里提出观点：DNA才是使R型细菌产生稳定遗传变化的物质。		
评价、归纳	教师发布学习任务：以小组为单位，归纳两个实验所得出的结论，是否可以基于此得到更具普遍性的推论？ 学生通过小组合作讨论，得出相应的实验结论：①加热致死的S型细菌体内存在某种转化因子使R型活细菌转化为S型活细菌。②DNA是使R型活细菌转化为S型活细菌的转化因子，而蛋白质等不是。 推论及疑问：生物的遗传物质是否都是DNA？	学生在学习之后进行合作式的归纳总结，提升了学生的合作学习、思考能力。基于学生的推论及疑问，为后续的学习埋下伏笔。	学习活动后进行归纳小结，能够更好地提高学生的总结反思能力。

七、板书设计

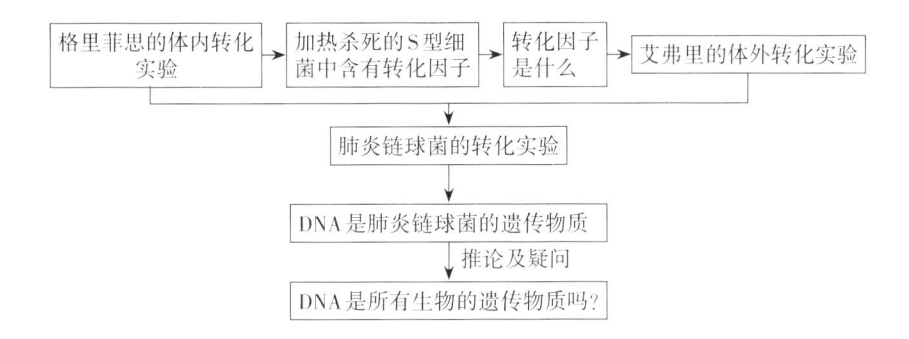

```
格里菲思的体内转化     加热杀死的S型细     转化因子     艾弗里的体外转化实验
实验              →   菌中含有转化因子  →  是什么   →
     ↓                                              ↓
            肺炎链球菌的转化实验
                     ↓
            DNA是肺炎链球菌的遗传物质
                     ↓ 推论及疑问
            DNA是所有生物的遗传物质吗?
```

八、作业与拓展学习活动设计

问题1:如果把S型细菌的DNA提取出来后,直接注射到小鼠体内,能否从小鼠体内分离得到S型细菌?为什么?

问题2:艾弗里实验成功的关键是什么?是否还有其他方式可以达到这一目的?

问题3:部分生物,如新型冠状病毒,其化学组成成分只有RNA和蛋白质,那么它的遗传物质是什么呢?如何通过实验进行确认?

九、教学资源与技术手段说明

借助多媒体,让学生通过视频、图片对实验过程有一个更加直观的感受;通过运用模型,将看不到的、抽象的实验过程可视化。

十、教学反思与改进

在教学活动落实的过程中,应当关注到个别自我学习能力相对不足的学生,调动起他们的学习积极性,多给他们展示自己的机会。

基因在染色体上

设计者：王晓

一、教学内容分析

1.基于课标

本课在新课标中的要求为大概念有性生殖中基因的分离和重组导致双亲后代的基因组合有多种可能下的一个次位概念，即概述性染色体上的基因传递和性别相关联。

2.基于教材

本课是人教版普通高中教科书生物学必修2第2章第2节的内容。课程内容包括：萨顿假说、基因位于染色体上的实验证据、孟德尔遗传规律的现代解释。本节内容既可以巩固减数分裂相关知识，又可以为伴性遗传、基因突变等的学习奠定基础。因此，本节课以探索基因位于染色体上的实验证据为主线，引导学生进行小组合作学习，开展探究活动。通过问题情境，创设准确的、有逻辑的问题和精准的迁移应用，以此来加深学生对知识的深度思考和理解，培养其学习的兴趣和科学思维，从而构建高效课堂。

二、学习者情况分析

本课的教学对象为高一学生,通过之前的学习,学生已掌握孟德尔遗传规律和减数分裂等相关知识,这为新知识的学习奠定了认知基础。但遗传规律和减数分裂的学习是独立的,学生对于基因与染色体的内在联系并未过多思考,学习有一定难度。另外,高一学生思维的目的性、连续性和逻辑性已初步建立,但往往对探究过程以及结论的形成还缺乏理性的思考。

三、教学目标设定

(1)运用假说—演绎法对果蝇眼色遗传现象进行解释,阐明基因与染色体的关系和孟德尔遗传规律的实质,构建相关生物学概念。

(2)借助假说—演绎法再现摩尔根的实验,学会自主提出假说、设计实验并验证,体验摩尔根证实基因位置的实验过程,提高科学探究能力。

(3)基于基因和染色体的相关事实,运用归纳概括、演绎推理等科学思维,阐明基因在染色体上,进一步体会科学探究历程。

(4)认同基因的物质本质,体会科学研究需要大胆质疑和勤奋实践的科研精神。

四、教学重难点

教学重点:基因位于染色体上的假说和实验证据;孟德尔遗传规律的现代解释。

教学难点:果蝇杂交实验结果的解释和验证;等位基因与同源染色体、非等位基因与非同源染色体的关系。

五、评价设计

学生以小组的形式完成课堂探究问题,并阐述表达,体会科学探究历程。

六、教学活动

步骤	教学活动及层次	活动设计意图	评价活动设计
创设情境,激趣引思	教师介绍摩尔根与果蝇的科学史,并播放相关视频。提出问题:摩尔根是支持还是反对孟德尔的遗传规律以及萨顿提出的"基因在染色体上"的假说?摩尔根为什么选择果蝇作为实验材料?	创设情境,通过科学小故事激发学生学习兴趣,初步体会摩尔根大胆质疑、科学务实的研究精神。	在基因和染色体的类比推理中,评价和发展学生对知识的迁移能力。
问题引领,思维碰撞	本节课主要通过如下探究问题,引导学生深入课堂。 (1)教师展示教材第30页摩尔根的果蝇杂交实验,提出问题:果蝇的白眼性状是显性还是隐性?红眼和白眼这对相对性状的遗传是否遵循孟德尔遗传规律呢?F_2代的白眼性状为什么总是与性别相联系? (2)教师展示雌雄果蝇的染色体组成,提出问题:果蝇共有几对染色体?形成配子时,包含几条染色体?其性别决定方式是什么?果蝇眼色遗传应该与哪对染色体相关联?		

续表

步骤	教学活动及层次	活动设计意图	评价活动设计
问题引领，思维碰撞	（3）教师展示果蝇性染色体的形态结构，提出问题：若控制果蝇眼色的基因位于性染色体上，则该基因位于图中哪一个区段上？若控制红眼的基因用W表示，控制白眼的基因用w表示，红眼雌雄果蝇的基因型如何表示，白眼雌雄果蝇的基因型又如何表示？ （4）基于教师的引导，学生可以提出三种假说：①控制眼色的基因位于Y染色体的非同源区段，X染色体上没有；②控制眼色的基因位于X染色体的非同源区段，X染色体上有，而Y染色体上没有；③控制眼色的基因位于X、Y染色体的同源区段，X染色体和Y染色体上都有。教师引导学生选择自己觉得正确的假说，并写出用该假说解释实验现象的相关遗传图解。 （5）学生通过书写遗传图解发现假说②和③都可以解释摩尔根的果蝇杂交实验。提出问题：假说②和③哪一个是正确的？摩尔根是通过什么方法进行验证的？学生根据前一章节的学习回答出需要进行测交实验。教师顺势提出问题：如何进行果蝇的测交实验？	教师通过设计层层递进的探究问题，引导学生利用已有知识分析现象，同时暴露认知冲突，引发学生思考，激发探究兴趣，培养高阶思维。	学生以小组探究的形式回答问题，并写出相关遗传图解。

续表

步骤	教学活动及层次	活动设计意图	评价活动设计
问题引领，思维碰撞	除了用测交实验验证，你是否能提出其他杂交组合来进行验证？教师引导学生提出用白眼雌果蝇与野生红眼雄果蝇杂交，可以验证假说②的正确性，并书写遗传图解。		
梳理新知，总结反思	教师引导学生梳理摩尔根的探究历程，即观察分析—提出问题—提出假说—演绎推理—实验检验—得出结论，促使学生再次体会假说—演绎法在科学探究中的应用。另外，引导学生结合教师的课堂板书，构建本节课思维导图。	思维导图可以将抽象思维具象化，对思维发散有着极为有效的推进作用。	学生自主绘制思维导图。
新知应用，思维发散	教师可以创设如下真实情境，学生根据课堂所学解决实际问题，此过程可培养学生的生命观念。(1)控制果蝇眼色的基因位于X染色体的非同源区段，请设计一个杂交实验，可以通过眼睛颜色直接判断子代果蝇的性别。(2)生物如果丢失或增加一条或几条染色体，会出现严重疾病甚至死亡。但有些生物，如蜜蜂中的雄蜂是由未受精的卵细胞直接发育而来的，它们的体细胞染色体数目减少了一半，但仍能正常生活。对此，你有何看法？	教师提供真实情境，学生利用所学新知解决问题，进而考查学生对本节知识的把握情况。	学生应用新知，解决真实情境中的问题。

七、板书设计

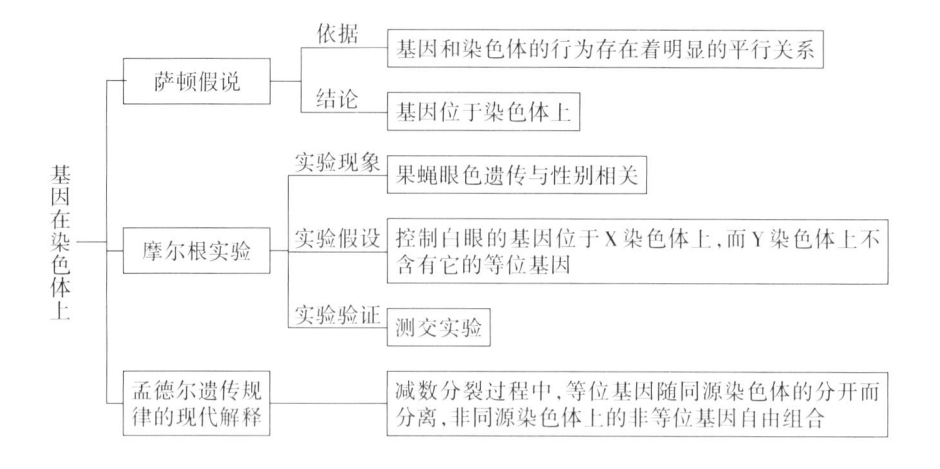

```
                        ┌─依据──→ 基因和染色体的行为存在着明显的平行关系
           萨顿假说 ─────┤
                        └─结论──→ 基因位于染色体上

                        ┌─实验现象──→ 果蝇眼色遗传与性别相关
基因在                   │
染色体上  摩尔根实验 ─────┼─实验假设──→ 控制白眼的基因位于X染色体上,而Y染色体上不
                        │              含有它的等位基因
                        └─实验验证──→ 测交实验

           孟德尔遗传规           减数分裂过程中,等位基因随同源染色体的分开而
           律的现代解释  ──────→ 分离,非同源染色体上的非等位基因自由组合
```

八、作业与拓展学习活动设计

（略）

九、教学反思与改进

　　深度学习并非一般意义上学习者的自学,因而特别强调教师对学生的引导和帮助。作为教师,需要创设真实的情境,以任务为驱动,实现经验与知识的相互转化,让学生在主动活动中成为真正的学习主体,并且要帮助学生通过深度加工把握知识的实质,实现科学本质的教育。学生以什么样的方式学习取决于教师能够提供怎样的帮助和支持。教师应给学生提供恰当的学习资源,将探究与发现的机会还给学生,让学生在任务的驱动下自主学习。因此,本节课教师基于真实情境提出学习任务,引导学生利用已有知识去参与探索新知,驱动学生深度学习的真实发生。

群落的演替

设计者:代丽

一、教学内容分析

1.基于课标

《普通高中生物学课程标准(2017年版2020年修订)》要求:阐明一个群落替代另一个群落的演替过程,包括初生演替和次生演替两种类型。

2.基于教材

本课是人教版普通高中教科书生物学选择性必修2第2章"群落及其演替"第3节的内容,主要包括群落演替的种类,人类活动对演替的影响,我国实行退耕还林、还草、还湖的政策。

二、学习者情况分析

通过第1章"种群及其动态"的学习,同学们掌握了种群的基本特征、种群数量的变化及影响种群数量变化的因素,这是生态学的基础性内容。本节内容承接种群而来,是群落的结构、主要类型后的又一个关于群落的重要阐述。学习群落的演替对于培养学生的核心素养,特别是培养学生的生命观念和社会责任感是非常重要的。如何充分利用教学素材,发展学生的思维,培养学生生物学学科核心素养是教师需要解决的问题。

三、教学目标设定

生命观念:用动态发展观分析群落的演替,建立生物与环境相统一的观点,认识生命系统的发展与稳态。

科学思维:分析群落演替的特征,培养归纳与总结的思维习惯。

社会责任:总结人类活动对群落演替的影响,分析人与自然的关系,认同退耕还林、还草、还湖的必要性。

四、教学重难点

教学重点:群落的演替及群落演替的种类。

教学难点:

(1)初生演替和次生演替的比较。

(2)人类活动对群落演替的影响。

五、评价设计

运用课本所学知识,去调查了解实际生活中的群落演替的事例。

六、教学活动

步骤	教学活动及层次	活动设计意图	评价活动设计
问题探讨（觉知）	【情境引入，激发兴趣】通过印尼喀拉喀托火山爆发的案例，引出探究问题： 1. 生物是如何一步步地定居在新土地上的？ 2. 这一地区有可能恢复原来群落的结构吗？ 进而引出本节课题——群落的演替。	激发兴趣，引出新课。	学生思考讨论这两个问题，对群落的演替有初步的认知。
演替的类型（调和）	教师展示课本第38~39页图2-11"发生在裸岩上的演替示意图"。	创设情境，形成动态画面感。	阅读课本，明确每一个演替阶段出现的生物的情况。
初生演替和次生演替（调和、归纳）	1. 光裸的岩地上首先定居的生物为什么不是苔藓和草本植物，而是地衣？ 2. 地衣阶段为苔藓的生长提供了怎样的基础？ 3. 在森林阶段，群落中还能找到地衣、苔藓、草本植物和灌木吗？ 4. 比较发生在裸岩上的演替和弃耕农田上的演替。 (1) 从演替的起点来看，发生在裸岩上的演替和弃耕农田上的演替有什么不同？这两种演替还有哪些差异？ (2) 这两种演替有哪些共同点？ (3) 演替都会发展为森林吗？一个群落最终演替到什么阶段主要受哪些因素的影响？	1. 认识两种演替的典型阶段。 2. 理解初生演替和次生演替的概念。 3. 明确初生演替和次生演替的起点不同，演替的速度有差别等。	1. 知道初生演替和次生演替的基本阶段。 2. 知道地衣、苔藓植物在分解岩石方面的区别。 3. 厘清初生演替和次生演替的概念。 4. 能够区别初生演替和次生演替，并且能够举例。

续表

步骤	教学活动及层次	活动设计意图	评价活动设计
影响群落演替的因素（归纳）	【提问】影响群落演替的因素有哪些？	围绕群落演替的动态变化的观点，形成适应变化的种群数量增长或得以维持，反之种群数量减少甚至被淘汰的观点。	明确影响群落演替的因素，有外界环境的变化，生物的迁入、迁出，群落内部种群相互关系的发展变化，人类的活动，等等。
人类活动对群落演替的影响（调和、归纳）	展示教材中的资料1和资料2，展示PPT，从积极和消极两个方面来分析人类活动对群落演替的影响。消极方面：砍伐森林、过度放牧、污水排入河流等。积极方面：封山育林、治理沙漠、管理草原、建立人工群落等。	通过学生的观察、交流与讨论，正视当今社会现实情况，提高生物学学科核心素养，培养社会责任感。	学生通过思考、参与讨论，形成独立的正确的认知。

七、板书设计

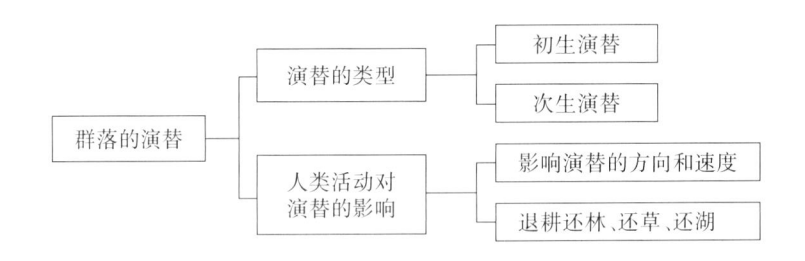

群落的演替
- 演替的类型
  - 初生演替
  - 次生演替
- 人类活动对演替的影响
  - 影响演替的方向和速度
  - 退耕还林、还草、还湖

八、作业与拓展学习活动设计

请查阅相关资料,了解涂山湖不同年份的群落变化,用文字和箭头绘制出涂山湖群落变化的模型图。

九、教学反思与改进

本课首先通过对群落演替阶段的比较学习,使同学们形成初生演替和次生演替的基本概念,进而对初生演替和次生演替进行比较,再通过对影响群落演替的因素进行分析,自然地过渡到认识人类活动对群落演替的影响。那么,人类活动的影响究竟如何来认识呢?本课接着通过消极方面和积极方面的例证和分析,引导学生观察、交流、讨论,使学生正视当今社会现实情况,提高其生物学学科核心素养,培养其社会责任感。

精子的形成过程

设计者：文礼

一、教学内容分析

1. 基于课标

本节内容重在落实新课标要求的生物学学科核心素养中的"科学思维""社会责任""生命观念"，通过有逻辑的设计和探究过程，让学生一步步感知精子的形成过程，掌握减数分裂过程中各个时期染色体的特殊行为，进而对整个过程产生深刻的印象，为整个遗传板块的学习打下基础。

2. 基于教材

"精子的形成过程"是人教版普通高中教科书生物学必修2第2章第1节"减数分裂和受精作用"的主要内容之一。本节是学生在学习了"有丝分裂"和"孟德尔遗传规律"相关知识的基础上进行的，也是学生进一步理解减数分裂规律和自由组合规律实质及学习"基因突变""基因重组"和"染色体变异"等知识的重要基础。所以本节内容具有承上启下的作用。

二、学习者情况分析

目前已有研究发现通过建模进行教学更有利于学生掌握精子的形成（减数分裂）过程，而模型建构是"科学思维"的重要内容。本节课拟通过引导学生构建和运用模型进行知识迁移内化，以突破教学重点和难点，发展学生科学思维。节选减数分裂研究过程中部分史料作为引导，使学生亲历发现过程、分析史料、构建模型、修正模型等过程，落实核心素养的培养。

三、教学目标设定

（1）生命观念：从结构与功能相适应的观点理解减数分裂形成精子过程中染色体数目减半的原因。

（2）科学思维：通过构建模型，帮助学生理解并掌握减数分裂过程中染色体的行为变化规律；通过分析科学史及实证，修正模型，培养学生的批判性思维和创造性思维，帮助其认同科学研究需要大胆质疑和勤于实践的精神。

（3）社会责任：通过减数分裂的模型建构过程，培养学生养成以科学实践解决现实生活中生物学问题的意识；了解影响精子形成的因素，引导学生关注人体健康。

四、教学重难点

教学重点：精子形成过程中各时期染色体的行为及变化。

教学难点：同源染色体、四分体、联会等概念；精子形成过程中各时期染色体的行为及变化。

五、评价设计

学生或小组能够解决任务清单上的问题,并使用生物学术语进行表达或阐述,培养学生的学科核心素养。

六、教学活动

步骤	教学活动及层次	活动设计意图	评价活动设计
觉知	在上课之前先让我们来读一段国学经典《三字经》中的内容:"人之初,性本善;性相近,习相远。"从科学的角度,人类个体发育的起点是什么?人之初是什么?	由国学经典《三字经》中的"人之初",到科学角度的"人之初",来引出精子和卵细胞。展示精子和卵细胞结合前的图片,鼓励学生在今后的学习中不惧困难,迎难而上。	学生回答,老师评价,学生修正答案。
调和、归纳	任务一: 说出精子的形成场所(以哺乳动物为例),展示人的睾丸和精子示意图。 精细胞的染色体与体细胞的染色体有什么区别?(提示:先从数目、再从形态上分析)	掌握哺乳动物精子形成的场所,并理解精原细胞是原始生殖细胞,染色体数目与体细胞相同,储备相应知识。为学习同源染色体做准备。	据图观察得到相关问题的答案。
	任务二: 辨认同源染色体:形状和大小一般都相同,一条来自父方,一条来自母方。	认识同源染色体,为学习精细胞染色体和体细胞染色体的区别做铺垫。	掌握同源染色体的概念、同源染色体的特征,同时引发思考,减数分裂的染色体数目减半是否是单纯的数量减半?

续表

步骤	教学活动及层次	活动设计意图	评价活动设计
调和、归纳	任务三： 概述减数分裂过程。 资料1：如图（图略）为玉米花粉母细胞分裂的显微图，1个玉米花粉母细胞经过减数分裂产生了4个细胞。你能得到什么结论？细胞分裂两次能达到数目减半的目的吗？很明显染色体数目少于一半，所以在细胞分裂前细胞需要经过什么过程呢？	通过分析材料和问题，让学生产生思维的碰撞，得到减数分裂过程为复制一次，分裂两次这一重要结论。 通过图像，直观地把控减数分裂的两次分裂过程。	通过相关的材料分析引出减数分裂中染色体复制一次和分裂两次，可以达到数目减半目的的结论。
调和	任务四： 模拟减数分裂过程中染色体的行为。 步骤1：将4种细胞按照时间先后顺序进行摆放。 步骤2：用一对同源染色体构建染色体数目减半的过程（猜想）。 步骤3：结合材料，修正猜想。科学家在观察百合的减数分裂时发现，花粉母细胞第一次分裂使染色体数目从24条减少到12条，而第二次分裂前后染色体都为12条。 步骤4：用另一对同源染色体和之前的一对同源染色体构建两对同源染色体数目减半的过程。	从一对同源染色体的减数分裂过程，到两对同源染色体的减数分裂过程，符合从简单到复杂的认知规律，并通过史料（事实）进行模型修正，引导学生认识科学发展过程中科学观点的继承与发展，鼓励学生基于史料大胆质疑，训练科学探究的思维能力，并培养学生的推理能力。同时使学生领悟到科学成果的获得需要坚持不懈的努力和孜孜不倦的探索。通过模型评价，既可检验学生对减数	

续表

步骤	教学活动及层次	活动设计意图	评价活动设计
调和	步骤5：用初级精母细胞构建减数分裂Ⅰ染色体移向细胞两极时的情况。 步骤6：结合材料，修正猜想。 资料2：1891年亨金在观察某种蝽时发现，在减数第一次分裂时，染色体开始呈现一种环状物，共有12个环状物。每个环状物由2个染色体配对构成，第一次分裂时12个环相互分离形成半环进入子细胞。同源染色体会先呈现环状物，再分开，染色体必然存在一些特殊的行为。	分裂过程的掌握情况，又能帮助学生理解"同源的两条染色体分别移向两极也是随机的"这一难点，发展学生批判性思维能力。	教学层层递进，将手机和一体机相连，随时可以将学生建构的模型结果投到大屏幕上，找出错误的点，对重难点迅速突破。
调和、归纳	任务五： 播放动图，指导学生观察减数分裂Ⅰ过程中染色体的特殊行为。 不良环境会影响原始生殖细胞的减数分裂，从而影响生殖细胞的形成。如吸烟会影响男性精子的数量和质量，长期饮酒的男性精子发育畸形率高。	通过动图更形象直观地观察减数分裂Ⅰ过程中染色体的联会、形成四分体、互换、同源染色体分离等过程。 结合已有的有丝分裂知识，轻松找出减数分裂Ⅱ的主要特征和与有丝分裂的主要区别，培养学生看图和知识迁移的能力。展示精子畸形的材料，引导学生关注人体健康，落实社会责任。	理解联会、四分体、互换等概念，将整个减数分裂Ⅰ回顾，并区别减数分裂Ⅱ和有丝分裂。 结合社会议题"抽烟、喝酒对精子的影响"，引导学生关注自身健康。

续表

步骤	教学活动及层次	活动设计意图	评价活动设计
调和	任务六： 阅读教材，总结归纳。从教材第18~19页图中归纳四个时期细胞染色体的特殊行为。请同学们课后思考："遗传物质复制一次，细胞分裂两次"，"同源染色体联会、互换"，"同源染色体分离"，都有什么特殊的目的？	教学内容后置，归纳小结，形成概念并建构概念模型，从直观认知上升到科学概念，培养科学思维。	课后问题可以帮助学生更好地理解整个减数分裂过程。
迁移	1.在教材第20页中，找出同源染色体、四分体、互换等重要概念。 2.结合教材第18~19页图，完成以下内容：(1)在图中圈出减数分裂过程中一对同源染色体的行为变化过程。(2)根据该过程，完成表格内容。其中，有的画"√"。（表格略）	对教材知识进行勾画和巩固，再次回顾减数分裂过程。	应用知识，解决问题。

七、板书设计

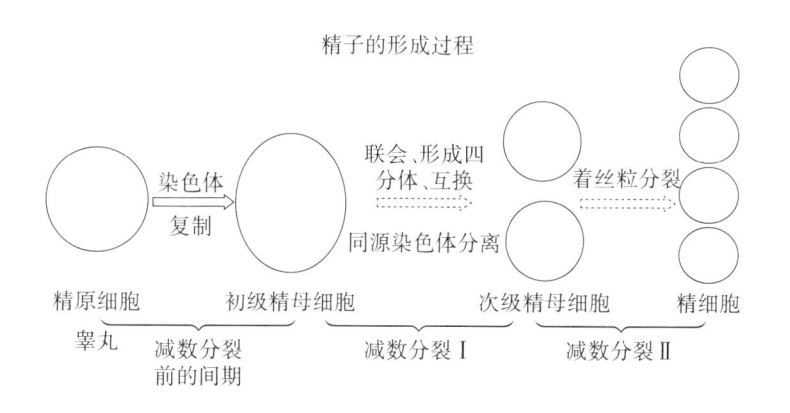

精子的形成过程

精原细胞 →（染色体复制）→ 初级精母细胞 →（联会、形成四分体、互换；同源染色体分离）→ 次级精母细胞 →（着丝粒分裂）→ 精细胞

睾丸　减数分裂前的间期　　减数分裂Ⅰ　　减数分裂Ⅱ

八、教学反思与改进

本节课只对精子的形成过程进行了一个大致的讲解,其中最主要的就是减数分裂过程中的染色体的各种行为,如联会、互换、同源染色体分离、非同源染色体自由组合、着丝粒分裂等。而这些行为用一节课的时间讲清楚是有一定的难度的,因此在设计过程中必须将材料运用起来,而且需要进行模型建构。这样学生学习这一抽象过程就会相对容易。我在教学过程中采用的是播放教学视频,而更好的方法是让学生自己去探索整个过程,从而达成落实生物学"科学思维"核心素养的目的。

另外,通过本节课,让学生牢牢树立尊重自然规律的意识和"绿水青山就是金山银山"的理念,是本节课与立德树人教育理念的契合之处。

环境因素参与调节植物的生命活动（复习课）

设计者：张月宁

一、教学内容分析

1.基于课标

大概念：生命个体的结构与功能相适应，各结构协调统一共同完成复杂的生命活动，并通过一定的调节机制保持稳态。

次位概念：植物通过环境因素、激素和基因表达共同实现对生命活动的调节。

2.基于教材

本节课选自人教版普通高中教科书生物学选择性必修1第5章第4节。其内容包括光、温度、重力调节植物生长发育以及植物生长发育的整体调控。通过复习课，学生应建立植物通过环境因素、激素和基因三者相互作用，共同完成生命活动的调节，以适应环境这一观念，形成生命的信息观。

二、学习者情况分析

学生已经学习过环境因素、激素均可以通过调控基因表达来调节植物的生命活动,但他们的认识停留在较为浅层的识记和初步了解阶段。若希望学生能够深刻理解环境因素、激素和基因表达三者的关系,及它们如何调节植物生命活动,需要借助真实复杂的情境,通过探究活动,构建调节网络模型,实现知识的迁移应用。

三、教学目标设定

(1)通过构建光与乙烯调控拟南芥幼苗下胚轴生长机制模型,学生进一步掌握基于证据进行推理、论证的技巧,发展自身科学探究和科学思维能力。

(2)通过构建环境因素、激素、基因表达调节机制模型,形成生命的信息观。

四、教学重难点

教学重点:环境因素、激素、基因的关系及对植物生命活动的调节。

教学难点:

(1)在新情境中获取关键信息、证据,并基于证据展开合理的推理、论证。

(2)构建环境因素、激素和基因表达调节机制模型。

五、评价设计

学生或小组能正确运用科学思维、科学探究方法解决问题,并使用生物学术语进行表达或阐述。

六、教学活动

步骤	教学活动及层次	活动设计意图	评价活动设计
觉知	以学生熟悉的黄豆芽发芽作为情境引入,提问黄豆芽萌发生长所需的条件,对比不同光照条件下萌发的黄豆芽,引出光在植物生长发育中的调节作用。展示拟南芥突变体——乙烯过量产生的突变体和 HY5 基因突变体,幼苗下胚轴均在光下伸长,与黑暗中类似,引发学生的探究欲,提出问题:乙烯和 HY5 基因与下胚轴的生长有什么联系?	通过引发矛盾、提出问题,激发学生的探究兴趣。	学生回答,老师评价,学生修正答案。
调和	1.展示实验背景,让学生基于实验结果得出乙烯、HY5 基因对幼苗下胚轴生长的作用。通过对比乙烯信号阻断突变体组与野生组的下胚轴生长情况,得出结论:乙烯作为信号分子调节植物生命活动。		

续表

步骤	教学活动及层次	活动设计意图	评价活动设计
调和	教师提问：乙烯作为植物激素，如何参与植物体生命活动的调节？引出乙烯和HY5基因相互关系的探究。2.组织小组合作探究，并让小组代表分享、释疑。小组归纳构建光下乙烯调控HY5基因表达以调节植物生命活动的模型。3.提出新的问题：光照与乙烯之间有何关系？光照如何影响乙烯的信号传递？引导学生回忆光作为信号参与植物体生命活动调节的机制。学生继续小组合作探究，寻找光信号通路和乙烯信号通路间的联系，小组代表分享、释疑。	学生运用科学探究、科学思维方法解决问题，进行归纳，建立植物生命活动调节机制模型。	结合实验探究，得出光与乙烯的关系，小组代表分享观点，辩护或修正自己的主张。
归纳、迁移	引导学生归纳、总结出环境因素、激素、基因表达三者的关系，并能说出三者参与植物生命活动调节的方式。完成实战演练，组织学生分享答案，并在质疑和论证中修正答案，形成统一结论。	学生建立环境因素、激素、基因表达调节机制模型。学生根据所学分析并回答问题。	学生能用构建的模型解决新情境中的问题。
巩固	布置课下作业：完成相关高考题。	强化知识、增强理解。	顺利完成并修正自己的答案。

七、板书设计

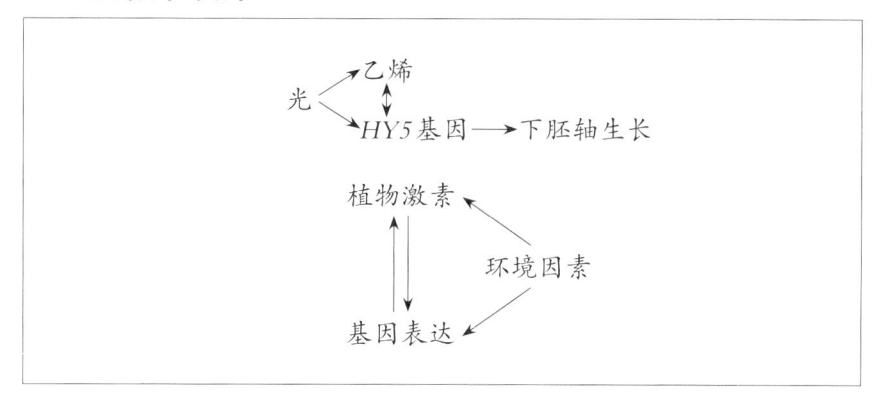

```
         ┌→ 乙烯
    光 ──┤
         └→ HY5基因 ──→ 下胚轴生长

         植物激素 ←┐
            ↕     ├── 环境因素
         基因表达 ←┘
```

八、教学资源与技术手段说明

人教版教材、相关文献、高考题、多媒体技术。

九、教学反思与改进

本节课时间比较紧张，应设置两个课时，先分别研究乙烯和 HY5 基因与幼苗下胚轴生长的关系，单独构建模型后，再研究两者的相互关系，层层递进，以减轻学生的学习负担。还应增加小组互评，让学生充分表达自己的观点，并辩护、修正自己的观点，促进学生的全面成长。

植物体是一个整体(初中高中衔接课)

设计者:鄢华寿

一、教学内容分析

1.基于课标

课程标准倡导探究性学习。探究不仅指类似于科学家的科学探究活动,还应包括从事实到形成概念的整个认知过程。学生通过观察、实验等多种途径获得植物体中存在有机物和无机物运输的事实和证据,通过小组合作分析数据建构植物体是一个整体的概念,形成生命整体观。通过建构概念、探索生命奥秘,学生形成实事求是的科学态度、一定的探索精神和创新意识。

2.基于教材

"运输作用"是绿色开花植物生命活动中的五大作用之一。本着"倡导探究性学习"的课程理念,本课对初中实验教学内容做了4个方面的衔接性拓展。

二、学习者情况分析

（1）学生认知情况。

学生原有认知基础	学生本课的认知活动	学生本课发展期待
学生两月前做了树枝环割实验，观察枝瘤，并对枝瘤建立了直观认识。	对枝瘤形成原因进行探究。	对有机物的运输结构和方向建立理性认识。
在上节实验课中，借助显微镜观察了导管、筛管，改进并实施了"观察水和无机盐的运输现象"的分组实验。	对"观察水和无机盐的运输现象"实验的观察及分析。	对无机物的运输结构和方向建立理性认识。
学习植物的光合作用、呼吸作用、吸收作用和蒸腾作用后，能理解植物生命活动依赖与外界进行物质和能量的变换，但尚未能将各部分知识整合起来。	探究植物的六大器官之间的导管是否贯通、筛管是否贯通。	对植物的生命活动建立整体认知。

（2）学生认知困惑点和兴奋点。本课认知困惑点：对枝瘤形成原因的分析，有机物的运输结构和方向的概念建构；对"观察水和无机盐的运输现象"实验的观察及分析，无机物的运输结构和方向的概念建构。本课的认知兴奋点是：对木本冬青、草本白芹中水和无机盐的运输现象的观测。

（3）本课教学困境及突破。本校的实验室无多媒体教学设备，教室内不能分组使用显微镜观察导管和筛管。"观察水和无机盐的运输现象"实验所需时间较长，学生无法在一课时内完成该实验。于是将实验置于第一节课，第二节课记录、分析数据进行拓展延伸，并完成有机物和无机物运输的概念建构，最后形成"植物体是一个整体"的生命整体观。

三、教学目标设定

教学目标	生命观念	说出植物茎中运输水分和无机盐的部位、运输有机物的部位,认识导管在茎内的分布,形成生命整体观。
	科学思维、科学探究	提升观察、实验能力,培养学习能力和思维能力。
	社会责任	发展一丝不苟的科学品质、实事求是的科学态度,形成结构与功能统一的观点。

四、教学重难点

教学重点:水分和无机盐的运输及结构基础,有机物的运输及结构基础。

教学难点:观察茎对水分和无机盐的运输,形成生命整体观。

五、评价设计

(1)过程性评价:通过"观察水和无机盐的运输现象"的实验,强化学生实验设计能力。

学生在比较甲、乙二组实验的基础上设计出丙组实验(剥掉木质部),从正反两个方面论证水和无机盐的运输部位在木质部。补充草本植物(白芹)作研究材料,使导管运输水和无机盐的概念更形象直观、全面准确。

(2)结果性评价:学生分析实验数据并得出实验结论,增强实验分析能力。

六、教学活动

1."有机物的运输"的"5E深学"探究

步骤	教师活动	学生活动	设置意图
觉知	创设情境、设问： 发放烤甘薯块根，让学生品尝味道，分析其主要有机成分。 设问：甘薯块根中的淀粉来自哪里？ 追问：叶产生的淀粉等有机物通过哪种器官运输至根？（茎） 过渡：茎的哪部分运输有机物？（抛出核心问题并出示茎结构图）	学生品尝、回味甘薯的甜味，推断：甘薯含有淀粉。 已知叶光合作用产生淀粉。 推断：连接根和叶的茎能运输有机物。 猜想：有机物运输部位在韧皮部（或木质部）。	激趣、产生求知动力，通过提问诊断学生的前科学概念。
调和初阶	怎样证明猜想的正确性？（到现实中寻找答案——出示枝瘤） 观察枝瘤并寻找切口上下方的差异。 追问：为什么在切口上方形成瘤状物？ 给出如下提示，引导学生思考： 瘤是什么？瘤状物内的细胞数量如何变化？瘤状物部位的有机物是否过剩？瘤状物部位的有机物来自哪里？有机物能运输到切口下方吗？ 总结：有机物通过韧皮部的筛管向下运输。	学生通过观察发现：切口上方形成瘤状物，而切口下方无显著变化。 小组合作探究：查字典了解"瘤"的本质，解答并交流问题答案。 通过交流发现：植物的有机物来自叶片光合作用；剥去树皮后，有机物不能向下运输，说明运输有机物的筛管位于韧皮部。	提供递进性的问题串，间接引导学生的探究过程，学生各抒己见，交流、分享探究结论。

续表

步骤	教师活动	学生活动	设置意图
调和深入	水果增产有绝招:果农将果枝剥去一圈树皮,增加水果的产量。 提问:环剥果枝为什么能增产? 解释农业上的整枝现象。	学生组内交流。 质疑,再运用枝瘤实验获得的概念分析:环剥果枝使有机物储存在果实里,从而增产。 拓展:调整果枝的光路、水路等措施,有利于给果实通水、通气、通光、通有机物营养,从而使水果增产。	学生学习概念,并以之科学解释生产实际现象,从而理解所获得的概念。理论联系实际,学以致用。
	播放视频——《红豆杉在哭泣》(为获取红豆杉树皮中的抗癌物质紫杉醇,大批红豆杉被剥皮而死。重要信息:红豆杉被剥皮一圈后就会死亡)。 提问:红豆杉的厄运对你有何启迪? 思考:木质部能运输有机物吗?	观看视频。 交流心得:义不容辞地保护植物的多样性。 排除有机物在木质部运输的可能性,形成核心概念:向下运输有机物的筛管只存在于韧皮部。	
归纳建构	教师出示概念图(图略)。	小组合作,完成有机物运输的概念图,对各概念之间的联系进行精细化加工,厘清概念之间的内在联系,并用一个陈述句表述核心概念——在植物的茎内,有机物在韧皮部的筛管里自上而下运输。	在抽象的概念图中应用、验证和巩固所获概念,并加工形成核心概念。

续表

步骤	教师活动	学生活动	设置意图
迁移	反思：草本植物的淀粉如何从叶运输到根？ 提示：草本植物的茎没有韧皮部，以白芹为例说明草本植物中有机物的运输，同时过渡到探究无机物的运输。	讨论交流总结：有机物通过茎的筛管自上而下运输。生物体是一个整体。	评估学生的思维和行为。

2.水和无机盐运输的实验改进、拓展探究

初中实验课进行甲、乙组实验时，教师引导学生对照甲组与乙组，发现木质部可以进行水和无机盐的运输，但无法确认韧皮部是否参与水和无机盐的运输，所以有必要以甲、乙两组实验为基础，进行改进，设计并实施丙组拓展实验（剥掉木质部），培养学生的实验设计能力。初中教材实验选用的材料为木本植物，至于草本植物的导管存在于什么部位，教材仅配置一幅草本植物玉米的茎横切面图，且无文字说明。因此补充草本植物白芹运输水和无机盐的实验。在本衔接课的课前，将带叶柄的白芹叶插入装有红颜色水的瓶内，20分钟后，让学生观察叶脉(维管束)颜色变化。

	实验材料处理			实验改进
实验处理	甲 (剥掉树皮)	乙 (保留树皮)	丙 (剥掉木质部)	第一课时，在实验室的完成。
实验预测	叶的变化 / 水量变化	叶的变化 / 水量变化	叶的变化 / 水量变化	
实验现象				第二课时，在教室完成探究(课前将白芹插入瓶内)。
实验结论	(1)水和无机盐的运输部位是_____； (2)水和无机盐的运输方向是_____。			

学生推理：只有木质部具有运输水和无机盐的作用（韧皮部不能运输水和无机盐），从正反两个方面论证了水和无机盐的运输部位是导管，导管位于木质部。而且运输的方向是由下及上。

观察白芹叶脉的变化(变红),并徒手撕开叶柄,裸眼观察染成红色的导管(也可见未染色的筛管)。

概念建构:无论是木本植物还是草本植物都是通过导管向上运输水和无机盐的,初步感知植物体是一个整体。

3."植物体是一个完整的整体"的"5E"教学过程

该部分内容是高中课程和初中课程间的重要衔接,有利于学生建立生物科学观念——植物体是一个整体,并且让学生学会从局部到整体认识事物。

步骤	教师活动	学生活动	设置意图
觉知	展示小品《茎的罢工》。 神气的叶:"没有我,你们都会饿死。" 傲气的根:"我要是不工作,你们都会渴死的。" 茎开始罢工。 萎蔫的叶:"快给水,我渴死了!" 饥饿的根:"我太饿了,哪有吃的?" 提问:从《茎的罢工》中你感悟到了什么?	赏析小品《茎的罢工》。 感悟:各个器官相互依赖,相互协作,谁也离不开谁,形成一个整体。	表演小品,创设探究场景,吸引学生注意力,激发其探究欲。
调和初阶	提问:植物的根、茎、叶、花、果实、种子之间都有导管吗?它们的导管是连通的吗?筛管呢?	根据有机物、无机物运输的概念,学生经过讨论交流达成共识:植物的六大器官之间的导管是连通的,筛管也如此。	问题意识养成,培养想象力。
调和深入	叶制造的有机物和根吸收的无机物是如何运输到植物体各个器官的?各个器官的关系如何?	讨论得出:植物各个器官通过导管和筛管这种输导组织输送营养,各器官间相互依赖。	理解生命整体观。

续表

步骤	教师活动	学生活动	设置意图
归纳建构	出示概念图(图略)。	小组合作,对学习内容进行建构,精细化加工。总结并形成核心概念:植物体是一个整体。	形成必备知识和生命观念。
迁移	生长素的合成:生长素主要的合成部位是芽、幼嫩的叶和发育中的种子。 生长素的运输:极性运输(胚芽鞘、芽幼叶、幼根)、非极性运输(成熟组织)、横向运输(胚芽鞘尖端)。 生长素的分布:相对集中分布在生长旺盛的部分如胚芽鞘、芽和根尖的分生组织形成层、发育中的种子和果实等。	思考:通过下图(图略)探究植物各个部分的联系。	拓展延伸,反馈、总结学习效果。理解生命整体观,进行初高中衔接。

七、板书设计

(略)

八、作业与拓展学习活动设计

(略)

九、教学资源与技术手段说明

白芹的维管束图片、网络视频资源和PPT。

十、教学反思与改进

(1)教学内容设计方面,对教学顺序进行了有效优化。

(2)实验教学设计方面,意在强化学生实验设计等探究能力。

"观察水和无机盐的运输现象"的实验教学应适当拓展实验内容,加强学生的实验设计能力。

学生在比较甲、乙两组实验的基础上设计出丙组实验(剥掉木质部),从正反两个方面论证了水和无机盐的运输部位在木质部。补充草本植物(白芹)作研究材料,使学生对导管运输水和无机盐的概念更形象直观、全面准确。

观察枝瘤的实验教学设计,重在引导学生分析实验数据并得出实验结论,加强学生的实验分析能力。

因此,在实验教学中发现实验实施困境时,教师要因地制宜、因时制宜、因事制宜,对实验进行适当的调整和改进,以期强化学生实验活动,增强学生实验能力。

(3)教学过程的设计方面,运用"5E"教学模式增强探究性学习效果。

本课教学过程中,通过视频感染学生(树怕剥皮),让学生将获得的概念迁移到生产实际(提高果树产量),把习得的知识转化成行为(保护树木),从而开启运用知识的大门。在整个教学过程中,我牢牢把握结构与功能的关系,突出结构与功能的高度统一,自始至终都非常关注通过概念图对相关知识进行网络构建,提高学生的生物学学科素养。

第四篇

历史

教研室概况

一、教研组整体介绍

重庆第二外国语学校历史教研室共有教师19人,是一个睿智、团结向上、富有创新精神的教学团队。教师忠于职守,始终坚持服务学生、严谨治学、团结奋进、精益求精,认真抓好备、教、改、导、考各个教学环节,体现了高标准、严要求、重思维的教学特色。教研室利用深度学习和历史学科核心素养的相关理论,以及基础教育课程改革实施中所取得的相关经验,探索基于深度学习的学科范式,促进了教师教育理念更新,提升了专业发展能力,形成了历史学科核心素养指导下的教育素养。

二、教研组教育教学获奖及教科研成果介绍

教师论文发表一览表

序号	成果名称	完成者	发表时间	发表刊物
1	双减背景下高中统编历史书的深度挖掘	苟学珍	2023.05	《中学历史教学参考》
2	历史课堂深度学习策略	苟学珍	2020.11	《中学历史教学参考》

续表

序号	成果名称	完成者	发表时间	发表刊物
3	以问题为引领的高中历史教学——以部编版高中历史教材为例	苟学珍	2021.06	《文科爱好者(教育科学)》
4	薪火相传献教育,丹心一片铸师魂	徐文玺	2021.10	《进展·人文科学(中学版)》
5	新高考3+1背景下以大概念指导的高三历史复习策略的思路和做法探讨	杨胜林	2022.09	《中国基础教育》
6	"主题+联结"D深度学习——回归历史课堂的真实	杨胜林	2021.05	《启迪》
7	基于实践体验的红色文化资源育人功能实践策略研究	何强	2022.05	《高等教育前沿》

教师论文获奖一览表

序号	成果名称	完成者	获奖时间	奖项等级
1	双减政策下如何有效整合与发掘高中历史统编教材	苟学珍	2022.09	市级一等奖
2	基于学科核心素养的深度学习的中学历史教学	苟学珍	2020.09	市级一等奖
3	历史课堂深度学习策略	苟学珍	2020.10	市级二等奖
4	深度学习视域下的历史课堂教学	苟学珍	2020.07	市级二等奖
5	"主题+联结"D深度学习——回归历史课堂的真实	杨胜林	2021.05	市级一等奖

教师出版专著一览表

序号	成果名称	完成者	出版时间	出版单位
1	基于学科核心素养的高中历史深度学习探索	苟学珍	2023.08	吉林文史出版社
2	基于学科核心素养的中学历史课堂教学新常态的实践探索	胡文平 苟学珍 蒲建琼	2020.08	延边大学出版社

教师公开课获奖一览表

序号	类别	成果名称	主讲	获奖时间	奖项等级
1	赛课	内战爆发	蒲建琼	2020.11	南岸区一等奖
2	赛课	辽宋夏金元的经济与社会	王本能	2021.04	南岸区一等奖
3	示范课	中华民族的抗日战争与第二次世界大战复习与作业评讲	江玥坪	2019.09	校级优秀奖
4	赛课	元朝的统治	王颖	2018.09	南岸区一等奖
5	赛课	水陆交通的变迁	袁宝	2023.06	南岸区二等奖

学科理论基础

一、历史学科核心素养

《普通高中历史课程标准(2017年版2020年修订)》指出:学科核心素养是学科育人价值的集中体现,是学生通过学科学习而逐步形成的正确价值观、必备品格和关键能力。历史学科核心素养包括唯物史观、时空观念、史料实证、历史解释、家国情怀五个方面。

二、深度学习

黎加厚教授指出:深度学习就是学生在理解的基础上,批判性地将新知识与原有的认知结构互相融合,将头脑中已经存在的知识迁移运用到新情境中,并解决实际问题的学习。郭华教授认为:深度学习,就是指在教师引领下,学生围绕具有挑战性的学习主题,全身心积极参与、体验成功、获得发展的有意义的学习过程。李璇律、田莉指出:深度学习是以学生的深层动机和先期经验为基础,在师生互动与"行为—认知—情感"协同参与下所展开的知识创造和问题解决的活动。

三、历史深度学习实践

陈志刚教授指出：历史学科深度学习是学生在进行知识学习时，将知识迁移运用，并通过合作探究的方式将新知识迁移到下节课的学习，获得新知识和技能的过程。秦雁在其硕士论文《基于深度学习的高中历史主题式教学研究》里提出：历史学科深度学习需要教师在现代学习理论指导下，设计具有挑战性的历史学习主题，激发学生的学习内驱力，引导学生开展深度阅读、深度建构、深度探究、迁移应用，促进学生对所学历史知识的深度理解，提升学生在复杂历史情境下的问题解决能力，并最终指向获得高阶思维和历史核心素养。

教学范式

一、新授课范式

1.对"标"据"本"

(1)前设预习

①学生预习。预习是学生常见的学习形式,是提高学习效率的有效途径。通过预习,学生对将要学习的知识进行整体的把握。在预习的过程中,学生可以发现学习的重点和难点,这样在老师讲课的时候就能有所侧重地把握,以便达到事半功倍的效果。

②预习设置。首先,备课组成员集体研读课程标准,解读课本。其次,备课组在统一研究和达成了共识的基础上分工设计学案。最后,要求学生根据学案提前预习,完成学案相关基础知识的预习,课前由小组长检查并将情况收集汇总,向任课教师反馈。

(2)自我评价

首先,学生在完成预习学案之后,自我评价所填写的答案,从中知道哪些知识点自己能解决,哪些知识点还存在困惑,从而找到深度学习的起点,带着问题走进新课堂。其次,教师针对学生预习中遇到的困惑,及时调整教学设计。

2.新授启动

(1)课堂导入

课堂导入就是在新的教学内容开始讲授之前,引起学生注意、激发学生兴趣、调动学生学习动机、使学生明确学习目的和建立知识之间的相互联系的教学活动。课堂导入分为"导"和"入"两个方面,旨在通过教师的"引导",使得学生"进入"学习状态。

(2)设计意图

①安定情绪。学生从课间休息时的游戏打闹到上课铃响后安静下来,需要过渡转换,这就需要发挥课堂导入的作用。教师运用导入语,以清晰的声音、新奇的内容、精彩的语言等抓住学生心理,让学生尽快回归课堂。

②引起注意。教学过程对学生来说是一种心理认识过程,注意力集中是这种认识过程顺利进行的必要条件和重要保证。巧妙地导入新课,可以起到先声夺人的效果,吸引学生的注意力,使学生一上课就能把兴奋点转移到课堂上来,集中在教学内容上。

③激发兴趣。教育家第斯多惠说:教育成功的艺术就在于使学生对你所教的东西感兴趣。精彩的导入会使学生如沐春风,如饮甘露,进入一种美妙的境界。

④沟通情感。恰当的导语会在师生之间搭起一座友谊的桥梁,师生的情感会在导入过程中潜移默化地得到交流和升华。这种良好的教学氛围,既有利于教师的教,也有利于学生的学。

⑤明确目的。教学有无明确的目的和学生是否明确目的是衡量教学成功与否的重要标准。当学生的积极性被调动起来、思维处于活跃状态时,教师就要适时地讲明学习的目的和意义,从而激发学生学习动机,使学生保持旺盛长久的注意力,并自觉地控制和调节自己的学习活动。

⑥启迪思维。富有创意的开场白,可以点燃学生思维的火花,开阔学生的视野,增长学生的智慧,使学生善于思考问题,并能培养学生的定向思维。

⑦确定基调。导入语的基调将直接奠定内容的定旨、情感的基调、语调的定格。只有实现了内容定旨、情感定调、语调定格,开场白才算充分发挥了效力,整个课堂教学才会井然有序,有条不紊。

(3)导入原则

①导入要有助于学生了解与掌握本节课的教学目的,明确学习本节知识的目的及对学习后续知识所起的作用。

②导入要能够起到衔接的作用,把前后知识联系起来。

③导入要做到直观化,并富有启发性,引起学生的积极思维。

④导入要能够引起学生的注意,对学生提供刺激,使情境能够被学生知觉到,从而产生强烈的求知欲,情感上升到最佳的学习状态。

⑤导入要能引人入胜,具有一定的风趣,但又要注意思想性,雅而不俗。

(4)导入方法

①复习导入。复习导入属于历史课传统教学中最常用的导入法,它是根据知识之间的逻辑关系,找准新旧知识的联结点,以旧引新或温故而知新,具有承上启下的作用。

②悬念导入。提出问题,设置悬念,可以吸引学生的注意,抓住学生的内心,激发学生的兴趣。

③影音导入。播放与讲授内容有关的音频或视频,能激发学生的情感体验,加强学生对新知识的了解。

④史论导入。利用史料把旧的知识和即将要学习的知识之间的联系和线索找出来,有助于完善课堂教学。

3.流程运行

（1）主题引领

历史教学主题也称"历史教学立意"，是统领一堂课的中心与灵魂，它可以体现历史教师的教学理念，还直接决定了历史教学内容的选取与历史教学方法的运用。历史教学主题可大可小，应根据具体的教学内容而定。具体可从以下几个角度着手。

①突出人的价值，彰显历史教学主题的温度。人是历史的创造者，也理所当然是我们进行历史学习时所要关注的主角。核心素养讲究以人为本，关注历史上的人可以引发学生情感上的共鸣，加深对历史的理解与感悟。

②拓宽历史视野，把握历史教学主题的高度。历史课程内容的设计采用的是"点—线"结合的方式。"点"是具体、生动的历史史实；"线"是历史发展的基本线索。通过"点"与"点"之间的联系来理解"线"，使学生在掌握历史事实的基础上理解历史发展的过程。

③提升历史认识，挖掘历史教学主题的深度。核心素养下的历史教学注重培养学生的历史意识，因此也要求历史教师掌握超越教科书的历史知识，深入挖掘历史教学主题的深度。

（2）挑战任务

教师根据教学目标和重难点，在主题框架的每个子目下设置若干教学情境、探究问题、典型题例等挑战性任务。通过给出的若干挑战性任务，引导学生通过自主探究，解决学习目标和重难点中的大部分问题。

（3）自主学习

自主学习是与传统的接受学习相对应的一种现代化学习方式，以学生作为学习的主体，通过学生独立的分析、探索、实践、质疑、创造等来达成学习目标。倡导学生主动参与、乐于探究、勤于动手，培养学生搜集和处理信息的能力、获取新知识的能力、分析和解决问题的能力。

(4)众筹分享

合作探究的形式是多种多样的,它既包含教师依托一系列的问题链对某个同学层层追问与引导,以便逐步深入探究问题的一对一探究,也包含全班同学对某一问题的集体探究,还包括小组之间的分工合作探究。

合作探究的流程主要分为三步,包括了学生的"学"和教师的"教",充分体现了"教师主导,学生主体"的教学原则。

①创设情境启发思考。创设情境激发兴趣,让学生有获得真知的强烈欲望是合作探究的基础环节。在此环节中,教师创设问题情境是关键,确立目标是目的,教师主要通过创设生动有趣的问题情境,引发学生的自主学习动机,激发他们的探究欲望。首先,教师在此过程中要有意识地引导学生敢于质疑和批判。其次,用形象生动的语言创设新情境,激发学生兴趣,引起学生联想与想象。最后,对于教学的重难点设置疑难情境制造悬念,激发学生的积极思维。

②多维互动合作探究。一堂完整的合作探究教学课,一定要用多种方式多维互动。这既是对历史问题的多种探究方式,又是各抒己见的交流活动。教师设置了问题情境后,学生在集体中相互交流个人的看法,教师组织学生以全班或小组的形式进行探究,学生发表见解、相互交流、相互启发、共同学习。合作探究采取的主要方式有:对谈式探究,即教师提出问题,指定学生来回答,然后教师再提问,此学生再回答,通过师生之间不断反复的连续问答,使问题的探讨逐步深入;群体式探究,即教师提出所要探究的课题,让全班集体思考,以便使更多的学生参与到探究之中,这样对同一个问题会形成多种答案,师生可以从多种答案中确定最完善的一个;分组式探究,即把学生分成若干小组,可以按照学习小组划分也可以按照座位顺序划分,在明确问题以后,教师安排学生先进行

组内讨论,再让各组派代表进行总结发言,最后引导各组进行组间大讨论。分组式探究可以使全班学生都参与到探究中。

③教师精讲生成观点。教师精讲解析是合作探究的画龙点睛之笔,是课堂内容进一步延伸的关键环节。在精讲总结生成观点时,教师的语言一定要准确规范、生动形象、通俗易懂。

经过充分的讨论和教师的引导,学生对本节课的重难点已经具备了一定的认识和理解,并具备了应用本节知识解决相关问题的能力,但是对本节知识的内涵,以及和前后知识的联系还理解不深,这就要求教师用精练和准确的语言做进一步的阐释和强化,使学生对所学内容形成系统的逻辑框架,能够熟练应用本节知识解决有关问题。

(5)动态评价

评价是所有课堂教学活动的导向性环节,是激发学生学习动机,帮助学生有效调控自己学习过程的重要保障。理想的教学评一体化应该是教学与评价融合为一体,通过自评、同伴评、教师评,获得多方面的反馈,促进学生的自主学习、合作学习。自评是师生经过讨论得出较为一致的认识后,每个学生对照评价标准和讨论结果,对自己的答案做出分析和反思。良好的自评习惯,将极大地减轻教师批改作业的负担,提高课堂教学的效率。同伴评是小组内的组员对同伴的答案和自评做出评析。互评有利于学生更好地认识自己和他人,能有效培养学生的合作精神和交流能力。教师评是教师对学生的答案、自评、同伴评价做出点评。教师应尽可能地发现学生的优点,并给他们提供当堂展示的机会,激励他们自评、互评,让评价成为学生学习过程的重要组成部分。

4.质量检测

(1)随堂检测

通过设计课堂作业,教师既可以检测学生的学习效果,也可以通过学生的作答效果对自己的教学进行一定的反思评价。课堂作业的内容必须紧扣所学内容，不宜过多过深。课堂作业设计的多样化，既有助于提高历史课堂学习效率，也有助于培养学生的探索与实践精神。例如：①设计观看性作业，即观看与教学相关的历史纪录片、影视剧、图片等，这样可以培养学生的学习兴趣，激发学生的探究欲望及学习兴趣。②设计阅读性作业，即通过多媒体展示历史阅读材料或让学生阅读课本材料，这样可以培养、提高学生的阅读理解能力。③设计撰写历史小论文作业，这样既可以锻炼学生的写作能力，又可以进行情感教育。④让学生设计作业，并进行评比，这样学生对知识的理解掌握及对解题技巧的掌握就都可以在轻松愉快的互动氛围中不知不觉地得到提高。⑤设计反思性作业，对学习中的成功经验及失败教训进行分享和反思、检讨，这样可以让成功的同学与没有发挥好的同学在课堂上进行交流，分享经验，总结不足。

（2）课后检测

教师依据适度性、开放性、人本性、生活化等原则，针对学生的学习水平，对作业结构进行调整，即分层设计作业。一般分为三个层次：第一层次为"基础性"历史作业，着重强调历史基础知识的学习和基本技能的训练，使学生掌握基本的历史事件、历史人物和历史现象，重点培养学生的学习兴趣，增强学习的信心，养成良好的学习习惯，端正学习态度。第二层次是"拓展性"历史作业，是在"基础性"作业之上的进一步延伸，侧重对学生能力的培养，侧重历史材料题型，培养学生综合分析能力。第三层次是"特色性"历史作业，是在"拓展性"历史作业基础之上的进一步延伸，是具有相当难度的学科作业，着重强调知识面纵向的加深和横向的拓展。

二、复习课范式

1.复习课的定位与价值

（1）复习课的内涵

复习课是通过课堂教学让学生回顾已学过的知识，厘清知识脉络，熟练掌握各知识点，使学过的知识形成网络，构建起立体的知识框架，综合而系统地识记和运用知识的一种课型。复习课教学既能使学生温故知新，还能对旧知识进行拓展和延伸，提高学生的综合思维能力，让学生能够独立思考，独立解题。

（2）复习课的特点

①总结归纳。整理、总结、归纳的过程是一个将所学知识进行强化、以防遗忘的过程，不仅要求我们会横向联系，也要求我们会纵向梳理。在历史表达中，纵向往往以时间为维度，而横向则主要以专题的形式呈现。

②知识迁移。复习并不是简单的重复，复习的最终目的在于培养学生分析问题、解决问题的能力，其中包括知识的习得、习惯的养成以及技巧的掌握。在复习课上，需要加强对学生的知识迁移的训练，多对学生进行同类型知识的联系训练，使其能在复习课上一碰见复习内容就迅速联想到与之相关的边缘化知识点，在下次学习新知识的时候也能够迅速联想到与之相关的知识，让旧知识也可以帮助学生对新知识进行理解。在长期有效的知识迁移训练下，学生才能对同类型的知识点举一反三。

2.复习课的启动

（1）提取内存、激活新知

基础知识是构建学生素质和能力的根本，要培养良好的历史学习能力，必须抓好历史基础知识教学。因此在历史复习过程中，要扎扎实实地将基本概念、规律、方法、技巧落到实处，力求做到对基本概念、规律、方法和技巧烂熟于心。在教学过程中可以采用以下方法加强对基础知识的巩固。

①明确阶段特征,抓住主干知识。在历史学习的过程中,首先要优化学科体系,要将头绪繁乱的各部分历史知识,根据其内在的联系,运用简明扼要的文字、数字、符号,构成相互联系的完整的知识结构。

②帮助学生抓好课本阅读。在复习过程中认真阅读课本,熟记每一个知识点是学习历史的有效方法之一。如抓住课本中的程序词,注意课本中的关联词,标出重点词,认真观察图片资料等。

(2)厘清逻辑,建构整体知识体系

①厘清历史知识逻辑

厘清历史知识的逻辑是培养和提高学生学科核心素养的需要,是开展"大概念教学"的必由之路,是整合新教材学习内容的需要,也是挖掘新教材隐性知识的需要。厘清历史知识间内在联系要用好历史教材,处理好知识的宏观联系,做好大概念教学的文章。进行大概念教学,首先要把具体概念作为课时立意。其次,进行单元主题教学,是厘清知识间内在联系的重要方法。通过对新教材内容的整合,帮助学生厘清历史知识间的内在联系,使复杂的内容变得简单有序,是用好历史教材的有效途径。

②建构整体知识体系

从教学与学生能力提升来看,教师在课堂教学中构建历史知识体系,对学生学习历史和理解历史意义重大。通过历史知识体系的构建,能让学生从整体上把握历史发展的脉络,使所学的历史知识成为一个有机整体,进而把学生的学习提高到理论层次,使学生能够以现有的知识为载体,向未知的知识探究,形成自己的见解,实现学习方式的转变。从高考考查的角度来看,高考不再强调历史学科知识的覆盖面,而是突出考查主干知识。复习时要引导学生摒弃冷、偏、细的知识,去繁存精,构建主干知识的新体系。

构建整体知识体系要遵循学生主体性原则、循序渐进性原则和能力性原则。构建整体知识体系,一是要运用唯物史观构建历史知识体系,二是要运用全球史观构建历史知识体系,三是要运用文明史观构建历史知识体系。

(3)思维进阶,建立联系

①历史思维

历史思维是一种能力和素养,体现在对历史的认识和理解上。只有深入历史学科自身的特点才能探寻历史思维的本意。历史思维大致可以分为以下六种:历史形象思维、历史逻辑思维、历史时空思维、历史情感思维、历史创造性思维、历史灵感思维。

②历史思维进阶

进阶通常指从低级到高级的过程,或是在原来的基础上有较大程度的提高,但在层次上低于和没有达到质变境界。历史思维进阶可以理解为历史思维能力或维度的提升,或者由不具备某种历史思维到具备新的历史思维的过程。

③思维进阶,建立联系的途径

运用互动交流的教学方法,比如讨论式教学法、辩论式教学法、诱思探究教学法等。

诱思探究教学法的内涵是教学过程中教师应适当创设条件,启发学生的思维,循循善诱地引导学生在学习中独立思考、探究问题。诱思探究教学体现了教学中教师的"引领者"角色,尊重学生的认知发展规律,可以发挥学生的主体作用。

(4)情境破解,对接文本

①历史情境的内涵

创设优质的教学情境能充分调动学生学习的主动性与积极性,启发学生思维,是提高教学有效性的重要途径。在历史教学情境中,教师在课堂中利用教学资源进行历史场景的再现,从而减少学生与过去历史之间的陌生感,学生学习的态度是积极主动的,可有效获得历史知识,提升历史思维能力。

②历史情境的破解

高考试题中体现的情境是以文字描述的,将"四层"考查内容融入其中,或是构建问题情境,或是构建情境活动,考查学生能否在核心价值观引领下将理论知识用于解决问题。围绕"四层四翼"的内容,在高中历史课堂中创设情境,既能够发挥情境教学的优势,又能够使教学情境有目的有方向,减少教师为了创设而创设的盲目,避免课堂中情境创设的无效性。

③情境破解后的文本对接

在中高考的考查中,通常以历史情境为载体,以问题为抓手,对学生的知识、能力等方面进行考查。教材文本转化为问题文本的核心在于什么样的知识以何种方式转化为何种问题,才能使学生完成从理解记忆到综合运用知识解决问题的历史课程学习,并在课程学习中提升历史学科核心素养。在对教材文本问题化输出的过程中渗透历史学科五大核心素养是培养学生历史思维能力的必经过程,是提升学生高考分数的关键环节,也是未来历史学科教学设计的范式之一。

3.课后作业检测

针对本课复习的内容精选课后作业能让学生及时巩固基础知识,巩固答题的技巧,培养学生学以致用的能力。课后作业如何精选呢?教师可以为不同层次的学生设计不同的作业。为了追求有利于学生发展的作业,真正做到"让老师扎入题海,让学生从题海中解放出来",精心设计作业是很有必要的,尤其对提高教学质量、减轻学生的学业负担、实施素质教育、培养学生全面发展有着十分重要的意义。

三、讲评课范式

1.讲评目标

在教学过程中,教师根据学生试卷、习题完成的反馈信息,在认真分析与研究的基础上,对学生学习中存在的问题或能力的缺陷进行查漏补缺。通过引导学生利用错题进行反思,总结思路,牢固掌握试题涉及的知识点,进行查漏补缺,完善知识体系,进而提高准确审题、规范答题的能力,形成规范的答题思路。

2.基本过程

(1)讲评前

做题是上好讲评课的基础一步,合理的题目设计能达到事半功倍的效果。最重要的一点就是准备上讲评课的老师不仅要会做历史试题,对每道题目都知其然和知其所以然,还要分析题目考查的知识点是什么,考查的切入口在哪里,考查的具体方式是什么,学生必须具备哪些知识和能力才能完成该题的作答。只有在做题时多思考、多从命题者的角度打开考试题目设计的思路,才能做到在讲评时胸有成竹,并且让学生学得轻松、学得有条理、学得深刻。

统计是上好讲评课的承上启下的一步,目的是通过分类统计的方法,充分了解学生在历史试题中反映出来的各种情况。教师通过大数据信息反馈做好试卷分析,统计学生选择题、判断题的错误人数,材料题、论述题每小题的失分率,总结学生错误率比较高的题型,在讲评前呈现讲评目标,确定讲评方向及讲评的重难点,从而达到诊断讲评的效果。

(2)讲评中

讲评中,教师主要采取让学生合作学习的方式。在合作学习过程中,教师要指导学生再次阅读试题,认真审题,自主探究,通过自我反思、小组讨论等解决错题,并展示思维路径和答题技巧,即放手让学生自己总结相关知识学习的得与失。在此基础上,注重学科基础知识的讲评,强化历史概念,搭建知识网络,总结历史规律;针对学生的历史学习能力进行培养,包括学生对历史知识的记忆、理解、归纳、分析与比较、运用等,进而提升学生的历史思维能力;渗透积极的情感、态度和价值观。这样不仅让学生夯实了基础、学会了学习,而且培养了学生的合作意识与精神,也利于其今后的工作和生活。拓展讲评课的宽度,扩大知识量,不能就题论题,应根据知识点间的联系,不断启发学生。此外,还须加深讲评的深度,通过展示试题变式训练,让学生趁热打铁,进行当堂检测,巩固知识,使学生在知识层次、能力深度上得到重大突破。

此外,还要注意"四重视":①重视讲解学生不懂的概念,架起学生与题目之间的桥梁;②重视从某一道题进行拓展,形成对某一类题的归纳;③重视提升学生从材料中获取时间、地点、原因、意义、影响等信息的能力;④重视学生思维方法的培养,强调规范作答,以养成良好的答题习惯。

(3)讲评后

①对于教师而言,要进行教学反思。教学反思是一种有益的思维和再学习的活动,通过教学反思教师可以不断地丰富和完善自我。叶澜教授说过:"一个教师写一辈子教案不一定成为名师,如果一个教师写三年反思可能成为名师。"每一节讲评课结束后,教师应写出总结,不断提高自身的教学水平。

②对于学生而言,要进行学习反思。学生要养成定期整理错题,总结审题思路、答题技巧和解题感悟的习惯,通过不断的反思总结,每个学生都会整理出一套适合自己的解题思路和技巧。

3.分类要求

(1)学生层次

根据阅卷情况,对学生的层次进行归纳,如按分数高低划分为A、B、

C、D四个等级。在讲评过程中教师要多关注C、D等级的同学,让A、B等级的同学多帮助C、D等级的同学,多给C、D等级同学机会发言,让他们分析自己的错因,掌握正确的答题方法和技巧,提高做题的正确率,增强他们的学习自信。

(2)题型分类

①选择题课堂教学要求

学生自主探究内容:错题归类,思考错因,总结思路。

探究要求:先独自思考错因,整理思路(明确答案是如何得出来的,这类题应该如何解答);小组互动,相互借鉴学习。

课堂互动要求:错题回放,学生分析(对应知识点、思路、解析方法)。

对应相关知识点:课件展示一分钟速记;变式训练。

②材料题课堂教学要求:进行规范作业展示;给出审题要求提醒;提出常见题型答题模式。

③论述题课堂教学要求:给出审题要求提醒;进行答题格式展示(观点+论述+总结);参考答案展示。

(3)水平分类

根据阅卷反馈及学生的答卷,对学生的水平进行分类,如可分为:基础生(书上明确的知识点基本掌握)、中等生(能在理解书上知识的基础上进行准确记忆与运用)、优等生(有很好的历史思维能力和综合素养,能挑战难题,勇攀高峰)。针对学生水平分类,制定切合实际的讲评策略:基础生跟着教师的思维和教材走,中等生进行知识的复习和巩固,优等生提升自己的思维,拓展解题思路,掌握难题答题方法。最终,让所有学生都学有所获。

4.重难点

重点就是教学知识体系中最主要的内容,因其重要,须多强调,而且要做延伸讲解;难点就是学生难懂、不太容易掌握的内容,因其难懂,就要多从学生角度出发,设计解答类似历史难题的思维路径,避免学生再犯类似错误。

教师通过重点、难点讲评,帮助学生厘清重要的知识点,让学生明晰历史知识的重点和难点,让学生准确、牢固地掌握重点和难点,培养学生运用所学知识解决所遇历史问题的能力。

课例

辛亥革命

设计者：苟学珍

一、教学内容分析

教材内容分三目，第一目"资产阶级民主革命的兴起"，分析了辛亥革命爆发的历史背景。第二目"武昌起义与中华民国的建立"，主要介绍了辛亥革命的爆发、辛亥革命的主要措施。第三目"辛亥革命的历史意义"，介绍了辛亥革命意义及革命的结果。

本课知识容量大，要求教师在有限的教学时间内追求有效、优效的课堂教学效果，不能面面俱到。本节课要避免匆匆赶场子，应在如何上出新意，对学生的思维有启发，达到历史学科育人的教育目标上下功夫，必须在教学设计中对教材内容进行大胆的取舍和整合。

二、学习者情况分析

本课教学的对象是高一学生，学生在初中已经较系统地学习过辛亥革命，比较陌生的是《中华民国临时约法》，对于辛亥革命的成败及其原因理解也不深入。高中教学应避免成为初中的简单重复,应通过问题的设置激发学生思考,培养学生的问题意识与质疑精神,提高学生的思辨能力。

三、教学目标设定

(1)通过辫子问题导入新课,让学生的思绪随着古今中外的辫子回到中国近代,围绕相关问题讨论、表达,以理解辛亥革命概念及爆发的必然性。

(2)通过图片、文字、地图等多种资料,帮助学生了解辛亥革命的过程,体会革命的艰辛历程,革命先烈为了共和理想而进行不懈奋斗的爱国、责任与担当精神,以及革命潜伏的危机。

(3)通过小组合作学习、主题讨论,分析《中华民国临时约法》的条文,理解辛亥革命在中国政治民主化进程中的地位与意义。

(4)通过提供图片、文字资料,引导学生综合分析材料,正确理解辛亥革命的成功之处,评价其在中国近代化进程中的地位;通过思考辛亥革命的不足之处,以及辛亥革命后中国人为国家的独立、富强、民主的继续努力,培养学生的爱国、责任与担当精神。

四、教学重难点

教学重点:辛亥革命的过程和意义、《中华民国临时约法》的意义。

教学难点:辛亥革命的成败。

五、评价设计

进行教学评价时,应结合本节内容的教学目标、教学内容和学生的学习环境以及学生的个体差异等设计合适的教学方法和学生学习的评价方式,制定切实可行的评价标准。课堂上采用讨论法、观察法等,给予学生积极的评价;课后做好每一位学生每一节课、每一次作业、每一次考试反思的准确评价,作为学生平时成绩。

六、教学活动

步骤（时间）	教学活动及层次	活动设计意图	评价活动设计
导入新课（2分钟）	通过现代人发型的变化，引出中国古代男子发型的变化，并指出，1644年清军入关后颁布"剃发令"，规定"留发不留头，留头不留发"，中国男子发型变为辫子，所以，扎辫是清王朝的象征，剪辫是反清的标志。辛亥革命时期颁布剪辫令，辫子被剪。今天我们就来学习伟大的民主革命——辛亥革命。 课标展示： ①了解辛亥革命前的社会变化。 ②简述辛亥革命的主要过程。 ③认识辛亥革命的历史意义。 【概念界定】"辛亥革命" 狭义：1911年（1911年是农历辛亥年）武昌起义至1912年袁世凯窃取革命果实期间推翻清朝专制帝制、建立共和政体的全国性革命。（后文中的辛亥革命用的是狭义概念） 广义：从1894年兴中会成立到1912年袁世凯窃取革命果实期间，革命者为争取实现资产阶级民主而进行的一系列斗争。	通过辫子的留存，吸引并感染学生，营造气氛，让学生思考本课，理解辛亥革命的概念，培养学生的历史解释能力。	通过辫子问题导入新课，让学生的思绪随着古今中外的辫子回到中国近代，围绕相关问题讨论、表达，以理解辛亥革命概念及爆发的必然性。

续表

步骤（时间）	教学活动及层次	活动设计意图	评价活动设计
正式上课一（10分钟）	一、辫子的危机——革命背景 【历史的追问】辛亥革命的发生，是偶然还是必然？ 引导学生思考辛亥革命发生的偶然性与必然性，指出辛亥革命发生是必然的，使学生正确理解辛亥革命的背景。 认真阅读教材108页~110页，思考并填写下列表格。 ｜社会背景｜民族危机空前严重；清政府成为列强统治中国的工具；清末新政与预备立宪为辛亥革命提供了条件。｜ ｜经济基础｜中国民族资本主义发展。｜ ｜阶级基础｜民族资产阶级力量壮大。｜ ｜思想基础｜资产阶级民主共和思想广泛传播，"三民主义"成为辛亥革命的指导思想。｜ ｜组织基础｜资产阶级团体兴中会和资产阶级革命政党同盟会的建立。｜ ｜军事基础｜革命党人发动的一系列武装起义，如黄花岗起义。｜ ｜革命时机｜武汉成为革命摇篮；四川保路运动使武汉兵力空虚。｜ 注：该表格呈现给学生时用空白表格，学生看书后，独立探究与小组合作相结合，完成表格中填空，老师做点评与补充讲解。		

续表

步骤 （时间）	教学活动及层次	活动设计意图	评价活动设计
正式上课一 （10分钟）	在理解辛亥革命的背景时，应强调辛亥革命前的一系列武装起义为辛亥革命的爆发提供了经验和教训，特别是1911年黄花岗起义。出示黄花岗烈士墓、林觉民像和《与妻书》材料(图略)。 老师指明这是位于广州市的一座墓园，这里安眠着72位年轻的革命党人，他们大多留洋归来，平均年龄才29岁。英雄林觉民，牺牲时年仅24岁。起义三天前，林觉民在一方白色手帕上给妻子写下一封感人至深的绝笔信。为了苦难的祖国，他勇于承担自己的责任与担当，永远地离开了自己深深爱着的妻子和即将出生的孩子，为了天下人的幸福，他放弃了自己的幸福和年轻的生命。黄花岗起义失败了，但烈士的鲜血唤醒了更多的国人，黄花岗起义半年后，武昌起义就爆发了。让我们回到100多年前那个敲响清王朝丧钟的夜晚吧！	通过林觉民的《与妻书》，让学生感受到革命烈士为了祖国、为了民主共和的理想不惜抛头颅洒热血的精神，引导学生认识中国人民的爱国、责任与担当精神，培养学生唯物史观、家国情怀、史料实证能力。	通过阅读教材，落实教材中的基础知识，培养学生的阅读与归纳能力。

续表

步骤（时间）	教学活动及层次	活动设计意图	评价活动设计
正式上课二（12分钟）	二、辫子的坠落——革命过程 1.革命的爆发：武昌起义(时间、主力、结果) 用革命爆发过程中的图片和地图呈现，让学生得出结论。(图略) 时间：1911年10月10日。 主力：湖北新军。 结果：武昌起义后，成立湖北军政府，各省响应，宣布独立，清朝统治土崩瓦解，中华民国成立。 引导学生思考：旧军官黎元洪被推举为湖北军政府的都督，这是为什么？ 客观上：由于事起仓促，武昌没有革命党上级领导。 主观上：资产阶级的软弱性、妥协性。说明革命潜伏着失败的危险。 2.成果：中华民国成立(建立政权) (1)南京临时政府的成立 1912年1月1日，中华民国临时政府在南京成立，孙中山宣誓就任第一任临时大总统。新的共和政体就此产生。 (2)北洋军阀统治建立 1912年2月12日，清政府颁布《清帝逊位诏书》，宣告统治中国260多年的清王朝结束。2月15日，南方的临时参议院选举袁世凯为临时大总统，辛亥革命的成果就这样落到北洋军阀首领袁世凯的手中。 (3)《中华民国临时约法》的颁布 呈现《中华民国临时约法》内容，让学生小组合作。	通过地图比较直观地呈现武昌起义后的全国形势，培养学生唯物史观、时空观念、史料实证能力等。	

续表

步骤（时间）	教学活动及层次	活动设计意图	评价活动设计
正式上课二（12分钟）	多媒体呈现《中华民国临时约法》内容节选： 第一章 中华民国主权属于国民全体。 第二章 全国各民族一律平等，国民有人身、居住、财产、言论、出版、集会、结社、通信等自由，有请愿、选举、被选举等权利。 第三、四、六章 参议院行使立法权；临时大总统行使行政权；司法权由法院独立行使。 第五章 国务员于临时大总统提出法律案、公布法律及发布命令时，须副署之。 学生讨论得出以下结论： 该法律的核心内容：主权在民、自由平等、三权分立、责任内阁制。 该法律的意义：是中国近代第一部资产阶级宪法；从法律上宣告了君主专制制度的灭亡和民主共和政体的确立，成为近代中国民主化、法制化进程的丰碑。 通过材料分析，让学生认识到辛亥革命后中国的三个主要势力集团有南京临时政府、清政府、北洋军阀，让学生认识到它们之间复杂的斗争。因为形势所迫和资产阶级的软弱性与妥协性，1912年2月12日宣统帝（溥仪）退位，1912年2月13日孙中山辞职，1912年3月袁世凯就任临时大总统，辛亥革命成果被窃取，北洋军阀统治开始。	通过小组合作探究，理解临时约法的内容和意义，这是理解革命意义的关键所在，培养学生唯物史观，历史解释、史料实证等能力。 通过小组合作学习、主题讨论，分析《中华民国临时约法》的条文，理解辛亥革命在中国政治民主化进程中的地位与意义。	通过图片、文字、地图等多种形式的资料，帮助学生了解辛亥革命的过程，体会革命的艰辛历程，革命先烈为了共和理想而进行不懈奋斗的爱国、责任与担当精神，以及革命潜伏的危机。

续表

步骤（时间）	教学活动及层次	活动设计意图	评价活动设计
正式上课二（12分钟）	孙中山认为，革命已推翻清政府，建立中华民国，革命任务已完成，他准备继续完成自己的责任与担当——建设中华民国。然而，中华民国真的是民主国家了吗？ 【历史的疑惑】袁世凯的辫子（图略） 设问：袁世凯为什么剪辫子，也是革命的象征吗？他并不是真心革命，不是真心拥护民主共和，之后他称帝，复辟了帝制，中国还不是真正的民主国家。 那辛亥革命作为一场革命，究竟带给了我们什么呢？	评价革命的成功与失败，通过具体材料剪辫子的细节问题分析，增强学生的理解与现代公民意识，培养学生唯物史观、史料实证能力。	通过图片的分析与讨论，培养学生的分析能力与归纳总结能力。
正式上课三（11分钟）	三、辫子的回声——革命影响 给学生呈现4组图片（图略）。 引导学生思考讨论辛亥革命的影响，得出以下积极影响。 政治上：推翻清朝封建统治，结束君主专制，建立资产阶级共和国。 经济上：促进民族资本主义发展。 思想上：传播了民主共和理念，推动思想解放。 习俗上：移风易俗。 结论：辛亥革命——中国近代化进程的里程碑。 让学生根据2组图片（图略）思考，探讨辛亥革命的局限性。 学生讨论后得出辛亥革命的局限性： 辛亥革命没有发动群众，没有深入群众，并没有解决近代中国社会的根本矛盾，没有完成民族独立、人民解放的历史任务。	通过提供图片、文字资料，引导学生综合分析材料，正确理解辛亥革命的成功之处与局限性，评价其在中国近代化进程中的地位。	

续表

步骤 (时间)	教学活动及层次	活动设计意图	评价活动设计
正式上课三 (11分钟)	进一步引导学生思考：辛亥革命出现局限的原因？ 在中国半殖民地半封建社会下，中国民族资本主义发展不充分，民族资产阶级力量较弱；帝国主义、封建势力强大。 辛亥革命缺乏一个能够提出科学的革命纲领、能够发动广大民众，以及组织严密的革命政党的领导，这些是辛亥革命的历史局限。 【启示1】资产阶级共和国方案行不通。		
正式上课四 (4分钟)	四、辫子引发的思考——革命反思 展示图片：辛亥革命后军警在街头给行人剪辫子(图略)。 引导学生，通过观察图片中被剪辫的百姓的表情，揣测他们的内心想法，让学生思考： 人们真的理解革命吗？人们思想真的解放了吗？民主共和深入人心了吗？ 材料呈现： "革命党虽然进了城，倒还没有什么大异样。知县<u>大老爷还是原官</u>，不过改称了什么，……带兵的也还是<u>先前的老把总</u>。" ——《阿Q正传》 通过材料让学生思考并理解：头上的辫子易剪，心中的辫子难剪。 【启示2】社会变革艰难而曲折，走向民主共和的道路艰难而曲折。孙中山先生临终前呼吁：革命尚未成功，同志仍须努力！	通过具体材料分析，让学生认识到社会变革不易，走向民主共和之路艰难而曲折，培养学生爱国、责任与担当精神，培养学生家国情怀。	通过思考辛亥革命的不足之处，以及辛亥革命后中国人为国家的独立、富强、民主的继续努力，培养学生的爱国、责任与担当精神。

续表

步骤（时间）	教学活动及层次	活动设计意图	评价活动设计
课堂小结（1分钟）	革命道路虽然曲折，但继孙中山先生之后，一代又一代先进的中国人，秉承着辛亥革命的爱国、责任与担当精神，为中国的民主共和和繁荣富强继续砥砺前行，他们中的杰出代表有毛泽东、邓小平等。如果说，孙中山先生领导我们醒过来，那么可以说毛泽东领导我们站起来，邓小平领导我们富起来。 中国今天的民主富强就是由这一代代英雄的人们建立起来的。现在，让我们闭上自己的眼睛，摸摸自己的心，静静地问问自己：我现在的责任是什么？我担当了吗？今后我应该做些什么？ 最后，将1905年8月13日，孙中山在东京中国留学生欢迎大会时的演讲中的话送给大家，让我们共勉：惟愿诸君将振兴中华之责任，置之于自身之肩上！(课件呈现)		通过课堂小结，总结本课知识，培养学生的家国情怀。

七、板书设计

辛亥革命

一、辫子的危机——革命背景

二、辫子的坠落——革命过程

三、辫子的回声——革命影响

四、辫子引发的思考——革命反思

八、作业与拓展学习活动设计

（略）

九、教学反思与改进

（1）成功之处：本堂课有效地融入了历史解释、史料实证、时空观念、家国情怀、唯物史观五大核心素养，符合历史学科立德树人的精神。本课明暗两条线索交替使用：明线——辫子的危机，暗线——革命者的责任与担当精神。明暗交替，历史与现实相结合，用生动的故事把辛亥革命串成了一个有机的整体，调动了学生的学习热情，让学生理解了辛亥革命爆发的必然性和辛亥革命在中国政治民主化进程中的地位与意义，学会了运用唯物史观辩证看待辛亥革命的成功之处与不足之处，培养了学生的爱国、责任与担当精神。

（2）教学注意事项：①本课内容比较多，在教学中要正确处理重点难点，重点突破辛亥革命与中华民国建立对中国的意义及其局限性，否则很有可能讲不完。②课堂上要充分调动学生的学习积极性，让学生主动参与到学习中来，对学生的答案要及时点评，从而有效提高课堂效率。

中华民族的抗日战争(复习课)

设计者:蒲建琼

一、教学内容分析

抗日战争的内容在"近代中国反侵略、求民主的潮流"这一专题中具有承上启下的重要地位。本部分内容需要两节课时间:一是从局部抗战到全国抗战;二是全民族浴血奋战与抗日战争的胜利。本部分内容知识容量大,需认真研读课标,在教学设计中对需要复习的内容进行大胆的取舍和整合。

二、学习者情况分析

学生对抗日战争的内容已经很熟悉,这部分内容是进行爱国主义教育的重要素材。经过一段时间的高中历史学习,学生已学会在阅读中提取有效信息,可以采取学生自主探究为主与教师适当引导归纳总结相结合的方法,创设问题情境,把学生的情感调动起来,让学生在互动学习中获得规律性认识,并加强合作精神。

三、教学目标设定

（1）了解抗战初期日本帝国主义的侵略行径和中国人民团结抗战、奋勇杀敌的史实,掌握抗日民族统一战线的形成,认识国共两个战场在抗日战争中所做出的历史贡献以及抗日战争胜利的意义。

（2）通过提出问题,互相讨论,让学生在这一学习过程中体验、感知、理解和解释历史,培养他们"论从史出"的历史学习理念、学习历史的兴趣,激发其学习热情;通过情境再现,问题探究,师生合作,生生合作,让学生自己探究学习;运用多样的教学手段和方法,如图片展示、讨论、比较、阅读等,引导学生积极地去体验及反思历史。

（3）通过复习教学,加深学生对这段惨痛历史的认识,激发学生历史使命感,使其树立强国之志;通过复习中国共产党在抗日战争初期倡导抗日民族统一战线,实行全面抗战路线,开辟敌后战场,激发学生热爱中国共产党的感情。

（4）通过全民族的团结抗战和中国军民英勇抗战的史实,培养坚强的意志和团结合作的精神,确立积极进取的人生态度。使学生认识到,中华民族是自强不息的民族,应该向为了祖国和人民做出了奉献的仁人志士学习,在个人与国家的关系上应以民族大义为重,培养学生为祖国做贡献的使命感和爱国主义情操。

四、教学重难点

教学重点:侵华日军的滔天罪行;全民族抗战局面的形成;中国人民取得抗日战争胜利的原因。

教学难点:抗日战争在世界反法西斯战争中的作用;中国人民取得抗日战争胜利的原因。

五、评价设计

结合课标、本部分内容教学目标、班级的不同情况、学生的个体差异等设计适合本部分内容教学和学生学习的评价标准,课中对学生讨论发言、独立思考回答问题给予充分肯定和引导,课后通过分层作业及时了解学生掌握情况,并进行反思形成总结。

六、教学活动

步骤(时间)	教学活动及层次	活动设计意图	评价活动设计
导入 (2分钟)	教师展示日军投降仪式的照片,请学生猜猜这张照片的拍摄时间。教师展示《国立西南联合大学纪念碑碑文》的图片,节选其中与抗战相关的内容,并加以重点标注。师生共同回顾近代以来日本侵华的历史,凸显抗战胜利在近代中国人民反侵略斗争史上的地位和作用。	用图文并茂的形式将学生的思绪拉到课堂上来,明确本课要复习的内容。	通过图片及碑文,激发学生的学习兴趣。
正式上课一 (5分钟)	一、时空坐标 教师展示时空轴(图略),学生根据时空轴完善重大事件的填写。	提取内存,为激活新知奠定基础。	通过时空轴的填写,构建时空观念,基本厘清抗日战争线索和重大事件。
正式上课二 (3分钟)	二、阶段特征 教师展示表格,让学生认真看书和笔记,完成阶段特征的填写。 | 总特征 | | | 政治 | | | 经济 | | | 思想文化 | | | 外交 | |	培养学生在基础知识之上透过现象,看到本质的能力和全面分析事件的能力。	通过阶段特征的总结,让学生理解这一时期在政治、经济、思想文化、外交上的特点,对抗日战争形成整体而全面的认识。

续表

步骤(时间)	教学活动及层次	活动设计意图	评价活动设计
正式上课三 (20分钟)	三、考点梳理 1. 从局部抗战到全面抗战(1931—1937) (1)日本侵华背景。(学生从历史原因、直接原因、有利因素、国际因素方面回答) (2)日本局部侵华的过程。 教师展示地图,学生结合教材与图描述过程,教师总结点评。 (3)中国各界对日本侵华的回应。 | 南京国民政府 | | | 国民党爱国官兵 | | | 东北军民 | | | 关内人民 | | | 中国共产党 | | 学生根据所学填充表格。 2. 全面抗战的开始 (1)七七事变的影响。 (2)抗日民族统一战线形成的过程。 学生看书回答问题并绘制展示抗日民族统一战线形成的过程示意图。 教师展示局部抗战到全民族抗战的线索,帮助学生厘清重大事件脉络。(图略) 3. 比较:两次国共合作(表略) 学生小组讨论完成。 4. 日军侵华暴行 教师展示表格,学生完成日军罪行的填写。(表略) 能力提升:从唯物史观的角度分析对日本侵华罪行的正确态度。 小组合作探究完成,教师抽取每个小组代表发言并点评总结。	检测学生基础知识掌握情况,唤醒学生此部分内容的记忆,为后面的提升突破奠定基础。 培养学生建立事件之间的联系和绘制思维导图的能力。	对学生的表现进行及时评价。

续表

步骤(时间)	教学活动及层次	活动设计意图	评价活动设计
正式上课三 (20分钟)	5.正面战场的抗战(表略) 教师展示正面战场战争的情况，总结国民党的抗战态度及结果，启发学生反思失败原因。 讨论：该如何正确评价国民党正面战场的抗战？ 6.敌后战场的抗战(中国共产党领导的全面抗战) 学生阅读教材与笔记，归纳中国共产党领导的敌后战场实行全面抗战路线的表现。 学生回答后教师总结： (1)1937年8月，中共洛川会议，提出动员全民族一切力量，争取抗战胜利。 (2)1937年，太原会战中，中共领导的平型关大捷是八路军抗战以来的第一个重大胜利。 (3)1938年，毛泽东发表《论持久战》，驳斥"必亡论"和"速胜论"。 (4)1940年，彭德怀指挥百团大战，重创日军的据点、交通线，歼灭大量日伪军；打破日军的"囚笼"，敌后战场逐渐成为全国抗战的主战场。 (5)其他：八路军、新四军建立敌后抗日根据地，开展游击战争；在沦陷区领导工人打击日本的殖民统治秩序；打退国民党的三次反共高潮；实行"三三制"、减租减息、延安整风运动。 7.正面战场与敌后战场的关系 学生根据当天复习的内容回答。 8.抗日战争的胜利 学生完成时间轴的填写(图略)。	培养学生比较分析的能力，通过教师总结，形成方法。同时培养学生合作探究的能力。 检测学生基础知识掌握情况。 落实家国情怀的教育。 培养学生思辨的能力。同时使学生学会正确评价历史事件，落实唯物史观。	厘清从局部抗战到全面抗战的基础史实，建立事件之间的逻辑联系。

续表

步骤(时间)	教学活动及层次	活动设计意图	评价活动设计
正式上课三（20分钟）	9.东方主战场 展示图片材料(图略),学生阅读材料,回答中国人民的抗战在世界反法西斯战争中的作用。	培养学生学会总结。培养学生总结事物之间联系的能力。培养学生阅读材料的能力、分析和归纳能力。	
正式上课四（8分钟）	真题演练:完成真题清单,教师随机抽学生进行讲解,教师点评总结。	检测学生知识过手和运用能力,锻炼学生的讲解能力。	检测本课复习效果,便于教师和学生查漏补缺。
课堂小结（2分钟）	抗日战争给中国人民带来了深重的灾难。然而,时至今日,日本在对待这段历史的态度上存在一些问题,如日本高层参拜靖国神社,美化侵华历史等(多媒体播放)。此外,还存在钓鱼岛问题、日美安全合作问题、东海油田开采问题、遗弃在华化学武器问题等。	情感升华,落实家国情怀。	

七、板书设计

中华民族的抗日战争

一、时空坐标

二、阶段特征(总特征、政治、经济、思想文化、外交)

三、考点梳理

八、作业与拓展学习活动设计

(略)

九、教学反思与改进

(1)成功之处:本课有效地融入历史学科的五大核心素养,紧紧围绕课标要求,利用多种方式调动了学生的学习热情。让学生巩固了日本军国主义的侵华罪行;复习正面战场和敌后战场的抗战,认识中国共产党是全民族团结抗战的中流砥柱;认识中国战场是世界反法西斯战争的东方主战场,理解14年抗战胜利在中华民族伟大复兴中的历史意义。学生学会了运用唯物史观辩证看待国民党的正面战场,形成了家国情怀与历史使命感。

(2)教学注意事项:①本课内容比较多,基础知识部分还可以再大胆取舍、简化,以留足时间让学生探究、思考,提升思辨能力。②课堂上少部分学生依然未全身心积极参与到课堂中来,关注面可以更广,鼓励、点评应及时,从而更广泛地提高学生学习历史的积极性。

《中外历史纲要(上)》质量检测试卷讲评

设计者:黄江

一、教学内容分析

通过本单元的学习,了解中华文明的起源情况以及早期国家特征。理解战国时期变法运动的必然性,了解孔子、老子学说与百家争鸣的局面及其意义。认识秦汉时期统一多民族封建国家的建立及其在中国历史上的意义,以及秦朝崩溃和两汉衰亡的原因。

本单元政治概念较多,而且年代较为久远,对学生而言相对陌生,一些概念也显得较为深奥,理解困难。让学生更形象更准确地理解历史概念的含义,以避免单纯地用概念来解析概念,从整体上了解中国古代历史发展的脉络是本单元的一个重要任务。

中国古代政治制度从总体上看,是中央不断加强对地方的控制、最高统治者不断集中权力的过程。引导学生从此总体特征与趋势,分析和归纳探究历朝历代政治制度产生、发展及变更的原因和规律,也是本单元的一个重要内容。

本次教学,主要是对第一次质量检测试卷进行分析及讲评。

二、学习者情况分析

本课教学的对象是高一年级的学生,经过初中三年的学习,高一学生储备了一定的历史基础知识。但是初中注重基础知识的考查,高中历史学习难度更上一层楼,并且侧重对学生历史知识的应用的考查。在学习能力中,学生最为欠缺的便是史料阅读能力。高一学生虽然具备一定的文言文阅读能力,但是这点阅读能力不足以适应高中历史学习的要求。在思维层次方面,刚进入高一的学生,在历史思维方面,直观、感性历史思维仍占据主要地位,在分析、推理、评估历史影响等较高思维层次还显得比较薄弱。

三、教学目标设定

(1)牢固掌握试题涉及的知识能力点,以错题为突破口,进行知识查漏补缺,完善知识体系。

(2)分析错因、总结思路,提高准确审题、规范答题的能力。

(3)总结答题规律、方法,形成规范的做题思路。

(4)进行变式训练,着眼于对知识的理解和应用,强化检测效果。

(5)总结测试反映出的普遍性问题,调整教学方法、复习策略与方法。

(6)通过知识的纵、横向联系,理解运用阶段特征,培养学生拓宽知识面、构建知识网络的能力。

四、教学重难点

教学重点：各类错题，特别是西周的分封制和宗法制、中国早期政治制度特点的错题。

教学难点：材料阅读题的答题方法及技巧。

五、评价设计

让学生自己来给同学们讲，让学生真正掌握知识、答题方法和技巧，提高学生的思维能力、表达能力。

六、教学活动

步骤（时间）	教学活动及层次	活动设计意图	评价活动设计
一、选择题（10分钟）	展示选择题部分的数据分析，让学生明确自己在选择题部分与其他同学的差距。核对所有选择题答案。学生自主探究的内容：1.在教师的引导下分析错题的类型，以及回归教材，再现试题考查的知识点。2.根据数据，小组内同学交流做题目时的想法，分析自己出错的原因。通过讨论得出解题方法。3.学生展示，尝试讲解错题，解答同学疑问，不完整之处由其他同学进行补充。	学生对照数据，明确自己与班级其他同学差距。明确试题考查的知识点，知其所以然。小组合作探究采用"兵教兵"的方式，做对的同学通过讲解，可以对解题的方法理解得更加深入，做错的同学可以学习借鉴别人的解题方法。这也可以使学生获得成就感，激发其学习动力。	学生根据教师提供的数据，对自己选择题解题能力进行评估。学生在倾听时，对知识点、知识脉络、知识盲区及时做笔记。让学生再次讲述高频错点，如果能完整地讲述，则表明已经弄懂；如果不能完整地讲述，则还需要教师点拨和指导。

续表

步骤（时间）	教学活动及层次	活动设计意图	评价活动设计
一、选择题（10分钟）	教师在学生讨论、交流展示的基础上对学生讲解发言中的缺漏进行补充，对学生展示中的思维火花进行点拨、引导。引导学生归纳梳理出解题的一般步骤方法，并对学生错误率高的题目进行变式训练。	对学生的闪光点进行肯定，增强学生的学习信心。同时通过补充点拨，让学生明确在解题方法、知识掌握上的不足，提升学生的思维层次。	
二、材料阅读题第25题（10分钟）	教师展示第25题的相关数据，数据显示，第25题第(1)题、第(2)题得分率较高，第25题第(3)题得分率相对较低。 第25题前两问比较简单，让做对的同学展示并讲解答案，要求说出题目考查的知识点、问题中的关键词。 让第25题第(3)题做得比较好的学生在小组中交流介绍本小题考查的知识点以及自己的解题方法，并随机抽取小组成员展示。 教师归纳补充：第(3)题属于观点题，这类题目主要分为3个步骤。 1.找（紧扣材料，明确材料观点）。 2.判（明确自己对观点的看法，正确、错误、片面等）。 3.论（要合理引用史实：可以是材料中的，也可是所学知识，史论结合）。	通过学生展示，老师可以了解学生是否对题目完全理解；学生在介绍解题方法的时候，教师可以审视学生的方法是否正确，听讲的学生可以从倾听中得到启示，学会解题的一般方法和步骤。	学生展示完后，抽取做错的同学来复述解题的方法，检测学生是否已经掌握解题方法。

续表

步骤（时间）	教学活动及层次	活动设计意图	评价活动设计
三、材料阅读题第26题（10分钟）	教师展示第26题的相关数据，数据显示，第26题第(1)题的得分率较高，第26题第(2)题的得分率相对较低。 第26题第(1)题比较简单，让做对的同学展示答案。要求说出题目考查的知识点、问题的关键词及答案。学生展示后，教师补充：做对该题的关键是逐句读清楚材料的3个层次。 让第26题第(2)题做得比较好的学生在小组中交流介绍本小题考查的知识点以及自己的解题方法，并随机抽取小组成员展示。教师归纳点拨：需结合时代背景（包括社会转型、巩固统治等）判断其动因，再结合政治、经济、思想文化等常用角度回答，并且不要脱离材料。	引导学生在做题过程中要有依据，从材料中提取关键信息，提高正确率；让学生形成正确的答题思路，掌握答题方法和答题技巧，分分必争。 带领学生再次复习答题方法和技巧，先请学生们自由发言，了解学生目前所掌握的答题方法及未掌握的地方，教师再总结。	通过让学生再次讲解材料题答题方法，提高学生的表达能力、解题能力。 通过分解的变式训练，检测学生是否能比较全面、准确地结合材料回答，检测学生是否掌握概括材料、提炼历史背景、全面归纳历史影响的方法。
四、材料阅读题第27题（10分钟）	教师展示第27题的相关数据，数据显示，3个问题的第一问都回答得相对较好，第(1)(3)题的第二问学生回答得不完整。 学生小组合作交流，通过交流明确自己失分的原因，总结完整答题的方法以及思考的角度。 教师在学生讨论展示基础上总结答题的规范性思维如下。 1.全面：积极与消极。 2.多角度：政治、经济、思想文化。	学生通过与同学交流，明确自己失分的原因，同时学习其他同学思考问题的角度，揣摩参考答案，体会正确的答题思路。	通过自我反思、诊断分析自己失分的原因，在学习他人的基础上，确定正确的改进措施。

七、板书设计

第一次质量检测试卷讲评

中华文明发展特点：多元一体。

重要制度：分封制和宗法制、郡县制、中央集权制。

选择题：选项与材料对照，判断对错；抓住主要信息。

材料题：带着问题看材料；

　　　　重视出处，重视标点分层；

　　　　回归教材；

　　　　根据材料和所学作答。

八、作业与拓展学习活动设计

结合该章节高考试题、变式训练，让学生运用所讲答题方法举一反三，现场检测答题思路和效果。

九、教学反思与改进

本次教学主要是对高一第一次质量检测考试试卷进行讲评，是一堂讲评课。

讲评课和新授课一样，要确立好本堂课要达成的目标。在数据分析的基础上，清楚学生在试卷中反馈出来的知识上的漏洞，在解题方法和能力方面的不足之处，有的放矢。

在本次讲评课中，主要通过学生之间小组合作的方式，采用"兵教兵"的方式,让学生在合作讨论中发现自己的问题,明确自己的不足,学习他人的长处。并通过学生的展示,了解小组合作的成果,了解学生掌握的情况。在学生小组合作的基础上,教师根据学生的展示情况进行补充、点拨、归纳方式方法。

在本堂课中,学生的学习积极性较高,课堂的参与度也较好。教师在此过程中,对小组合作的组织还不是很科学,导致学生在知识和解题方法的理解内化方面还有较大的提升空间。后期在小组的科学组织、引导方面还要进一步研究。

第五篇

地理

教研室概况

重庆第二外国语学校地理教研室拥有一支老中青完美组合,能力强、理念新、有干劲的优秀教研团队。截至2023年,有专职教师16名,其中正高级教师1人,高级教师5人,市级骨干教师4人,区级骨干教师2人,区学科带头人1人。教研室成员勇于创新,敢于突破,近5年来,在课堂教学、校本课程开发、教研竞赛、课题研究等多个方面均取得优异成绩。现场赛课获重庆市一等奖2人次,二等奖1人次;区级一等奖3人次,二等奖3人次;在核心期刊、国家级刊物上发表论文10余篇,论文和课程设计获国家级一、二等奖各1篇,市级一等奖5篇,二等奖2篇;入选2021年教育部"基础教育精品课"课例1个。完成了两个市级课题研究,结项了一个市级精品课程,正准备结项优秀学生社团课题。指导学生在全国地理自然研学冬令营暨第十七届国际中学生地理奥林匹克竞赛(IGEO)中国大陆选拔赛中获1银1铜,在第二届九州杯全国研学实践课程大赛现场总决赛中获团体一等奖,在历届"地球小博士"全国地理科普知识竞赛中获一、二、三等奖多次;多名教师获"优秀指导老师"称号。

课题研究成果一览表

序号	课题主要成员	课题名称	课题级别	结题时间	课题审批单位
1	尹厚霖、罗宏碧、石学圆、张红波、汪红群、徐文英、温济勇、李礼、李钢、冉景杰、张平、彭红	高中生地理实践力培养路径实践研究	市级重点课题	2022.12	重庆市教育科学规划领导小组办公室
2	罗宏碧、石学圆、汪红群、徐文英、张红波、温济勇、李钢、冉景杰、罗静静	高中生地理社会调查与户外考察能力培养路径研究	市级一般课题	2023.09	重庆市教育委员会

课程或社团建设成果一览表

序号	主讲教师	课程或社团名称	项目级别	结项时间	项目审批单位
1	尹厚霖、徐文英、罗宏碧、温济勇、汪红群、李钢、冉景杰	重庆市普通高中精品选修课程：行走南山——探析南山的地理环境	市级	2024.01	重庆市教育委员会
2	徐文英	重庆市优秀学生社团：垭民看世界	市级	在研	重庆市教育委员会

教师论文发表一览表

序号	名称	完成者	发表时间	发表刊物
1	基于互联网思维的地理实践力培养策略初探	尹厚霖	2019.11	《地理教学》
2	基于岩溶地貌的地理教学实践活动——以重庆南山老龙洞地下河流域为例	尹厚霖	2019.11	《地理教学》
3	《研学旅行课程标准》研读与思考	尹厚霖	2020.05	《地理教学》
4	基于地理核心素养的试题评析与教学建议——以重庆市2022年初中学业水平暨高中招生考试题为例	尹厚霖、张红波	2023.04	《中学地理教育参考》

续表

序号	名称	完成者	发表时间	发表刊物
5	地理实践力培养中融合劳动教育的探索——以校园微农场劳动教育实践基地为例	尹厚霖 张平	2023.08	《中学地理教育参考》
6	餐霞三清,悟道研学	徐文英	2020.08	《中学地理教学参考》增刊2
7	地理实践力视域下的研学活动方案设计——以重庆南山风景区为例	罗宏碧	2022.04	《地理教育》
8	基于SOIL模式的主题研学课程设计与实践——以重庆南山片区交通变迁为例	汪红群	2022.06	《地理教育》
9	"双减"背景下的深度学习教学改革实践——以校园植被调查主题式研学为例	罗宏碧	2022.09	《中小学教育》

教师获奖论文与获奖课程设计一览表

序号	类别	名称	完成者	完成时间	成果或影响
1	方案设计	巴渝8D魔幻之旅	尹厚霖 徐文英 等	2019.11	2021全国地理研学方案设计大赛全国二等奖
2	课程设计	行南山之上品岩溶之美	张红波	2019.11	2020年重庆市基于地理核心素养培育的中学地理研学旅行课程设计评比市一等奖
3	课程设计	水陆通达、畅通南岸	汪红群	2020.05	2020年重庆市基于地理核心素养培育的中学地理研学旅行课程设计评比市一等奖
4	课程设计	自然人文荟萃·绿色屏障南山	罗宏碧	2020	2020年重庆市基于地理核心素养培育的中学地理研学旅行课程设计评比市二等奖

续表

序号	类别	名称	完成者	完成时间	成果或影响
5	课程设计	铜锣山矿山公园研学旅行课程设计	徐文英	2020	《中学地理教学参考》主办的全国研学课程设计大赛一等奖
6	论文	基于地理实践力培养的实践课程开发模式初探——以南山旅游资源调查及开发评价为例	罗宏碧	2021.09	2021重庆市中学地理教育教学论文评比一等奖
7	论文	基于地理实践力的重庆南山片区交通变迁主题研学方案的设计与实践	汪红群	2022.03	重庆市基于"三新"的课程思政地理教学研究论文大赛一等奖
8	论文	"双减"背景下的地理实践力培养路径探索——以校园植被调查主题式研学为例	罗宏碧	2022.03	重庆市基于"三新"的课程思政地理教学研究论文大赛三等奖
9	精品课	区域发展的自然环境基础	温济勇	2021.03	入选2021年教育部"基础教育精品课"

学科理论基础

《普通高中地理课程标准(2017年版2020年修订)》明确指出,高中地理课程的总目标是通过地理学科核心素养的培养,从地理教育的角度落实立德树人根本任务。

一、地理学科核心素养与深度学习

地理学科核心素养主要包括人地协调观、综合思维、区域认知和地理实践力四个方面,它们是相互联系的有机整体。人地协调观要求学生能够正确看待人类活动与地理环境的相互影响;综合思维要求学生能够用地理思维方式思考,按地理学基本逻辑,从分解和综合两个维度分析、解决地理问题;地理实践力指学生在考察、实验和调查等地理实践活动中所具备的意志品质和行动能力;区域认知要求学生能够以地理视角观察世界,着眼于地理事物和现象背后的空间因素,根据具体空间背景考虑问题,包括空间位置、空间格局、空间联系、空间演变等。地理学科核心素养是地理学科育人的集中体现,是学生通过地理学习而逐步形成的正确价值观、必备品格和关键能力。

胡航博士研究的深度学习关注情境迁移、问题解决和创新,学习者具有良好的情感体验、主动性、积极性、批判性和建构性等。深度学习的目标是通过课内外教学活动让学生具备胜任21世纪的工作和过好公民生活的基本能力和素养,这些能力和素养可让学生灵活地掌握和理解学科知识,以及应用这些知识去解决课堂和未来工作中的问题。

从深度学习和核心素养的内涵上看,两者都致力于培养学生的价值观、品格和能力,都强调学科本质和思想方法的把握,因此两者是有机互通的,胡航博士提出的"深度学习及课堂操作"是培育地理学科核心素养的有效路径。

二、基于地理课程标准的深度学习理论阐述

1.基于地理课程标准的深度学习内涵

结合地理课程标准和胡航博士的研究成果,我们认为中学地理深度学习的内涵是以学生的学为中心,教师通过重构教学内容,创设符合学生认知规律和体现不同时空尺度的地理学习情境,引领学生积极主动地投入到地理学习活动中,通过"个性化—合作"式学习,由浅入深体验知识发生过程,归纳演绎地理要素综合过程,利用建模等方式对地理知识进行加工、重构,逐步理解地理必备知识与核心概念,形成地理学科关键能力,掌握地理学科思想方法及核心逻辑,迁移运用所学知识解决其他情境下的地理问题,形成人地协调观的学生主动学习过程和良好的情感体验过程。

2.基于地理课程标准的深度学习教学设计一般思路

(1)基于地理课程标准重构深度学习单元内容

①现行的课程架构是根据知识逻辑体系组织和安排的,而非遵循中

学生的认识规律。因此,教师应基于核心素养分解课标,在诊断学生认知水平的基础上,重构教学内容,进行单元化的整体教学设计。将地理课程标准中"内容要求"作为首要条件,根据其逻辑性和困难程度加以排序,再对知识点加以重新组织和梳理,使教学目标相互之间确立起内在、本质的关联,从而创造出以大主题、大任务、大观念等为整体的教学单元。同时,具体内容的选择要围绕有助于学科核心素养培养的主要概念和关键能力展开,注意学生的认知水平和结构,联系学生熟悉的事物、现象和问题,构建"4S"[胡航博士分析了实证研究中学习内容的要素和特征,构建了"4S"深度学习的内容框架:学科内容(SK)、学习策略(KS)、社会技能(SS)和认知结构(CS)]深度学习的内容,开发符合中学生认知规律的学习资源,并依据学生的实际反馈进一步修改和完善学习资源。

②结合学科实际教学内容,合理创设地理情境。

深度学习关注情境迁移、问题解决和创新。地理学习情境根据学习内容灵活创设,如学科知识和策略知识的学习内容可取材于日常生活情境,或创设以地理专业语言与符号、按照学科逻辑呈现的学科情境,帮助学生对地理基础知识进行理解与调用。社会技能和认知结构的学习内容可取材于产业、聚落、人口等生产情境,将学科内容融入自然环境与社会生产生活中,着力体现综合性与应用性;或是创设以地理科学问题为背景,按照学术研究的一般路径呈现的学术情境,引导学生对地理问题进行设置与解决,间接渗透学科思想与学术意识,培养学生的创新精神、批判性思维以及复杂问题的解决能力。

③设计系列有梯度的问题链,串联整个单元的教学内容。

在大的学习主题或情境下,教师可提出教学的核心问题,按照知识发生的逻辑关系将核心问题拆解成若干小问题,将小问题进行关联,形成问题链条。问题的情境和结构应从简单、结构清晰逐步走向动态变化、结构复杂,对学生学习思维的要求也应从单点思维逐步走向多点、关联、拓展的思维,形成一种自主、探究、合作、建构的学习文化。

(2)遵循深度学习的认知过程,开展"个性化—合作"学习活动

胡航博士认为深度学习是基于马扎诺教育目标分类学的一个"从头至尾"的深度学习过程,体现为"S-ACIG"深度加工过程,如图所示。

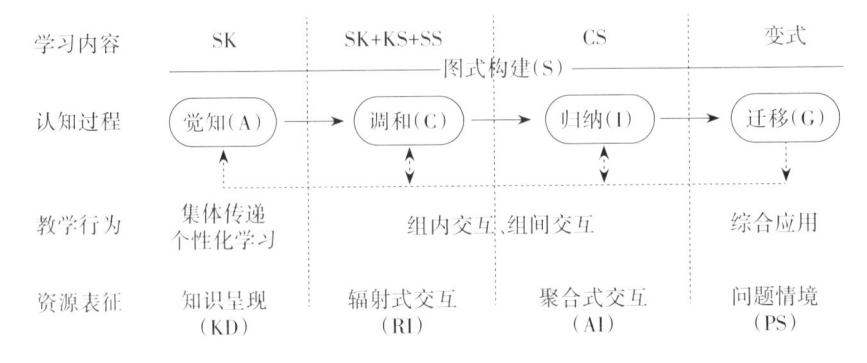

学习内容	SK	SK+KS+SS	CS	变式
		图式构建(S)		
认知过程	觉知(A) →	调和(C) →	归纳(I) →	迁移(G)
教学行为	集体传递 个性化学习	组内交互、组间交互		综合应用
资源表征	知识呈现 (KD)	辐射式交互 (RI)	聚合式交互 (AI)	问题情境 (PS)

深度学习的S-ACIG认知过程

在地理课堂教学中,教师也应遵循这样的认知规律,组织学生开展"个性化—合作"学习活动。

①觉知阶段,主要学习地理学科必备知识,课堂可采用集中讲授与个性化学习相结合的方式,应用知识呈现、课件演示、内容类比等形式的数字化学习资源,强调陈述性知识的记忆与理解。

②调和阶段,主要在内化的基础上进行,学习者在这一阶段会产生多种理解、疑惑甚至误解,需要对多种认知进行选择、重组和反思,进而开始构建自己的认知结构。在这一阶段中,为了选择、重组和反思等认知环节的有效性,可采用组内外交互的学习方式,开展讨论、头脑风暴、情境表演等活动。

③归纳阶段,主要对调和阶段逐渐统一的认知进行反思和整理。这一阶段地理教学内容重点是归纳某区域地理格局的单个或多个地理要素,如位置、特征、分布等,学习活动可安排独立或合作探究活动,引导学

生进行情境对话,即从图文材料中提取关键信息解决问题。在合作探究中相互质疑,进行组内或组间对话,在对话的过程中重塑认知体系。

④迁移阶段逐渐形成稳定的图式,并能迁移到不同的情境和问题解决中去,同时,在这一过程中也会不断修正和改良已有图式。这一阶段地理教学内容重点是探究区域地理过程时空变化、地理格局与地理过程相互耦合的内容和人地关系的发展走向。这一阶段主要是提供开放的"问题情境",学习者通过综合应用的方式,进行变式训练,从而提高真实情境问题解决能力,进而培养设计和创造性思维,引导学生进行价值判断及更深层次的情感态度体验。

调和、归纳和迁移任意一个阶段可根据学习者个体情况返回上一阶段并循环,贯穿学生学习始终。在此基础上,地理学科提炼归纳了新授课、复习课和讲评课等课堂教学范式。

(3)基于地理课程标准的深度学习评价

学习评价要将过程性评价与终结性评价相结合,包括学生在具体的学习过程中所表现出的学习态度、努力程度以及问题解决能力等,用评价引导学生在地理学习中学会认知、学会思考、学会行动。同时开展学生自评,让学生能发现自己在学习过程中存在的问题并及时修正,更好地促进深度学习。

三、地理学科深度学习研究概述

经过对近五年来地理教学领域的文献研究,我们发现深度学习的研究重点集中在课堂策略、学习过程以及核心素养三个方面,并且取得了诸多成果。

课堂是培育学生核心素养的主阵地。如何让深度学习在地理课堂上落地开花,是地理教师需要解决的重要问题。课堂策略研究主要包括大单元教学、大概念教学、主题教学、情境创设、问题链设计等。部分学者观点如下表所示。

基于深度学习的课堂教学策略研究部分观点

学者	主要观点
徐雯	创设具有挑战性、开放性、综合性、处于学生最近发展区的地理学习主题是促进学生深度学习的必要策略。
董瑞杰	问题链对学生深度学习地理概念有极强的引领作用,并举例分析了其在教学中的运用方式和要点。

学生是学习的主体,因此,以他们的视角来探索地理知识的认知构建过程以及衡量学习成效,已经成为学术界的重要研究课题。部分学者观点如下表所示。

基于深度学习的学习过程与成效评价探究部分观点

学者	主要观点
刘导	依托地理单元学习,通过理解学习、归纳学习、验证学习三个环节重塑学生的深度学习路径。
张超伟	提出"看—说—画—评—辨"学习模式,这一模式能够有效促进地理知识的深度学习,催生高阶思维。
范泰洋	依据ICAP理论构建了诊断量表,从地理课堂笔记、课堂听讲、课堂回答、课堂讨论四个方面诊断学生自主学习的深度。

深度学习被认为是实现核心素养目标的有效路径,围绕深度学习与地理学科核心素养的培育,学者们展开了丰富的研究。部分学者观点如下表所示。

基于深度学习的核心素养培育探索部分观点

学者	主要观点
汤国荣	通过科学设计地理教学程序,引导学生运用自主、合作、探究等学习方式开展课堂深度学习,是培育地理核心素养目标的有效方式。
陆静、李琳	梳理了以地理核心素养为本的深度学习单元教学中的三个"关键点"。
刘雅慧、徐志梅、马金玉	指出深度学习有利于核心素养的培育,并以区域认知为例总结了以深度学习培育核心素养的五种教学策略。

目前,地理教学中有关深度学习的研究还有很多值得完善的地方。如:以核心素养为背景展开的深度学习教学策略还缺少理论支撑和系统的梳理;有关深度学习的建构路径研究较多,但成效评价研究还比较少;等等。期待在新课改的推动下,深度学习在地理教学中的研究能够取得更全面的进展。

(撰稿人:罗宏碧)

教学范式

一、新授课[①]

笔者将深度学习的觉知、调和、归纳、迁移四大操作步骤,融合于高中人文地理的教学中,通过课堂实践和经验反思,总结出了产业区位因素的四步骤新授课范式,即真实情境促思考、角色扮演明新知、适时归纳强巩固、乡土素材迁新知。操作流程如下图:

```
真实情境促思考
    ↓
角色扮演明新知
    ↓
适时归纳强巩固
    ↓
乡土素材迁新知
```

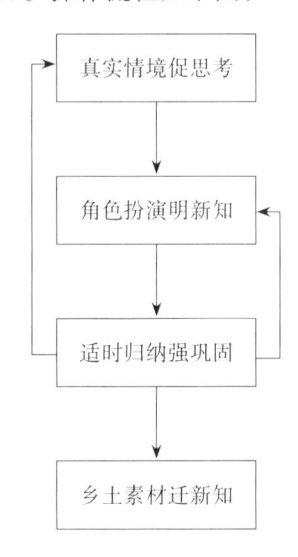

高中地理深度学习新授课操作流程图

[①] 撰稿人:罗静静。

1.真实情境促思考

深度学习的觉知环节，在于调动学生的已有知识经验，初步感受新知，变传统的被动学习为主动学习。产业区位因素这一章内容直接来源于人类的生产和生活实践，所以使用真实情境更能引发学生共鸣，激发学生兴趣，调动其学习的积极主动性。

教材原有案例是湖北十堰的某汽车公司，总部由十堰迁到武汉，就此设问，引出本课的内容。笔者所处的重庆就是一座工业城市，且有著名的汽车产业品牌，经思考对比，将案例换为学生生活中就有所接触，熟悉的乡土素材——长安汽车。寻找乡土素材、组织编写材料，对于老师而言是需要花费大量时间和精力的。同时，现在是网络时代，教师也要懂得利用网络，站在巨人的肩膀上。所以选择素材案例时，要考虑素材的可获得性，笔者选择长安汽车的原因就是长安汽车的企业发展历程、现状等信息，一般官网可获取详细的资料，另外长安汽车的总部、旧址等离笔者所在学校也不远，可获取一手资料。

2.角色扮演明新知

深度学习的另一环节是调和。根据笔者对深度学习的认识，以及不断的课堂实践和反思，笔者认为，课堂中可体现出多样的调和方式：一是师生之间的调和；二是生生之间的调和。

对于工业区位因素和工业区位选择的学习，笔者设计了两个活动：一是学生观看《一台汽车的生产过程》视频，自主归纳生成工业生产活动的概念，再通过角色扮演，得出影响工业区位的主要因素。二是学生自主阅读、掌握工业区位选择的基础知识后，通过角色扮演应用和巩固新知。从深度学习考虑，学生自主学习后进行课堂展示。让理解好的同学发言可使其获得课堂的成就感，同时可以进行生生之间调和，解决一部分同学的困惑。如果发言欠佳，可诊断出知识问题和思维问题，再通过师生调和与生生调和进行解决,体现深度学习课堂的特点。

3.适时归纳强巩固

深度学习重视对所学知识进行适时的归纳与总结,一是可生成结论性、经验性、理性的知识便于学生记忆、调取和应用,二是可帮助学生厘清本节课结构。本节课涉及多种、多处的总结与归纳。

巧借教材示意图进行区位因素的归纳。第一部分知识,工业区位因素学习完后,利用教材提供的工业主要区位因素进行归纳。第二部分知识,工业区位选择,在学生开展活动的过程中适时地生成结论。本课结束时,可以用知识结构的形式对本课进行梳理、归纳。

4.乡土素材迁新知

深度学习,重视学生知识的迁移,所以笔者继续采用长安汽车乡土素材创设真实情境,调动学生主动迁移运用知识。

情境一,以长安北京分公司的成立为背景,考查学生工业区位因素知识的迁移运用能力(图略)。

利用长安汽车公司各有侧重的全球协同研发格局创设情境二(图略),引发学生思考现代工业区位因素的变化,为后续学习做铺垫。

二、复习课[①]

深度学习即学习者主动参与学习,并把知识的学习转化为学习能力的提升。在原有的学习基础之上,学生重新系统地建立整个知识架构,发展自身的批判性思维、创新思维、合作精神和交往技能,并最终达到能解决实际问题的目的。随着新课改的持续推进,各个学校也在进行不同

---

① 撰稿人:张平

程度的深度学习。因此,教师必须紧跟时代步伐,打造符合学生身心发展特点的高效课堂,以期能培养学生的学科学习能力,最终在地理复习中取得好的效果。

而今,地理高三复习课容量大且专业性强,需要学生由表及里、由纵向到横向建构完整的知识体系,完成对知识的迁移和运用。因此,在复习阶段,教师应以地理的整体性和复杂性为切入点,从学生身边的地理出发,让学生在具体的情境中,将脑海中的各部分地理知识连成一条线,形成完整的地理知识架构。深度学习课堂能帮助学生更好地感知地理的复杂性和整体性。因此,本文就如何精准有效地落实高中地理复习提出了深度学习模式:自主速查促觉知、二阶诊断查难点、创设情境破难点、思维导图促归纳、高考真题促迁移。操作流程如下图:

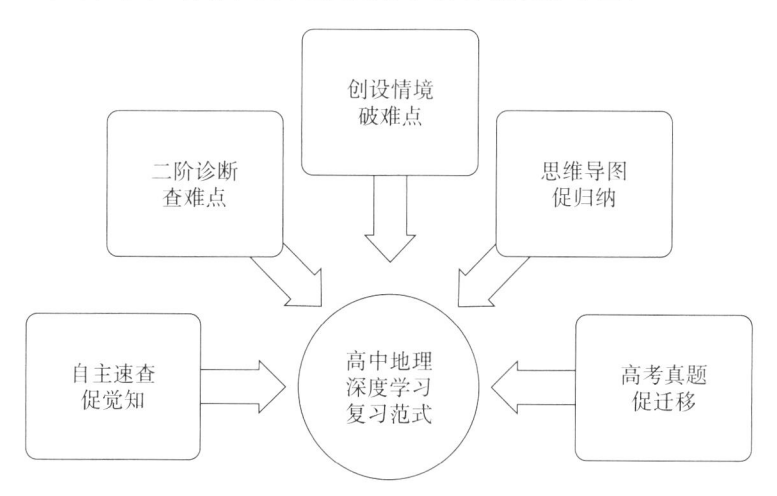

高中地理深度学习复习课流程图

1.自主速查促觉知

不同于其他学科,地理是一门综合性很强的学科。在学生刚进入复习阶段时,难免会出现不知从何处复习的情况,也不了解自己是否已经掌握该知识点。因此,在进入复习阶段时,教师应课前布置相应的任务,促进学生自主学习，自我快速检测。在一定程度上，这有利于学生最快了解自身的学习状况，并激起学生深入探索的欲望，也有利于教师及时了解学生的学习情况。教师可以在复习课中，以复习"不完整"的旧知导入，引导学生发现记忆中的漏洞，再通过快速提问的方式将旧知补充完整，进而加深学生的印象。如在"水循环及陆地水体相互关系"复习课中，展示以下问题：水循环将水圈等哪些圈层联系起来？水循环的三种类型分别是什么？影响水循环的动力原因是月亮吗？水循环包括蒸发和其他哪些环节？通过"不完整"的旧知导入，可以极大地调动学生的复习兴趣，进而一定程度上增加学生的信心。同样，判断对错、课前预习写大框架等形式也具有不错的效果。

2.二阶诊断查难点

深度学习是一种引导学生深层次学习的方式。学生在前期自主速查后，对已掌握的知识有一定的了解，但仅仅停留在知识的表面，无法做到举一反三。因此，教师需要在教学时区分开新授课和复习课，依据每节课的复习任务以及学生整体情况，设置不同程度、不同形式的诊断，帮助学生寻找其难点、痛点和薄弱点，从而为学生设置一条明线，把碎片化的知识由表及里地串联，引导学生深入钻研。教师可以在复习课中，根据前期自主速查的任务，加大知识的深度，以甄选试题、绘图、解释谚语等形式出现，以便学生查找难点。如在复习"常见的天气系统"时，学生已经掌握冷锋的形成过程以及过境前后对A地的影响，引导学生说出暖锋的形成过程以及过境前后对A地的影响，或在掌握锋面基本知识后，说出不同的谚语所代表的锋面。

3.创设情境破难点

高三后期地理知识覆盖面极广，且学生的难点、痛点和薄弱点的突破都需要建立在真实存在或曾经存在的情境基础上，需具有真实性和科学依据。只有这样,学生才能利用情境突破难点,加强对该难点的掌握和记忆。因此,真实的地理素材有利于学生深入深度学习中,提升学生的地理核心素养。教师在深度教学时,需创设有广度、深度的情境,将地理的纵向要素和横向要素整合到一起,以便学生后期构建完整的知识体系。高三地理后期复习,教师可以侧重甄选情境试题。该类试题应具有一定深度,能带领学生抓住难点,进而引导学生突破。

4.思维导图促归纳

目前高中的地理复习课堂存在一定问题,如知识内容多、课堂节奏快等。这样的满灌式复习课堂不利于高考地理的有效复习,更无法培养学生深层次的学习能力。地理复习课本应该是一个深入浅出、帮助学生整理并建构系统的知识体系的课堂。因此,教师应在复习阶段,以地理的整体性和复杂性为切入点,从课堂情境入手,让学生在具体的情境中,主动地将各部分地理知识串联在一起,形成完整的地理知识架构。学生只有在一次又一次的归纳总结后,才能时常审视、反思自身的学习过程,加深对地理知识的理解和巩固。如在复习"粮食安全"时,教师带领学生建立"粮食安全"的思维导图,引导学生从真实情境中挖掘并遵循发展性原则,边查漏补缺边培养学生深度学习的能力,使学生的学习能力和逻辑思维能力得到飞跃式发展。

5.高考真题促迁移

高考是高三地理后期复习的指挥棒,是明确教学任务的依据。高考真题既是复习课良好的素材来源,同时也是检验学生当堂课是否吸收了知识的重要手段。教师在复习后期,依据教学任务,选取不同类型的高考真题,启发式地引导学生了解此类真题考查的主题内容、侧重的难点。同时,组合该教学任务的高考真题,通过不同角度设问,检验学生是否能举一反三。选取高考真题,一方面可以促进教师大量地整理信息,另一方面有利于学生从浅层学习过渡到深层学习,进而打开学生的思维,促进其掌握地理的精髓。

深度学习是一种强调学生主动思考和学习的培养方式,本文基于高考地理复习范式进行了初步的探究,以期学生可以在深度复习的课堂中,建立更系统、更全面的地理知识结构体系,进而培养其思维和提高其主动学习的能力。

三、讲评课[①]

中学地理阶段,试卷讲评课是教学过程中必不可少的一类课型,在学生阶段性检测、指导教学、加强深度学习等方面效果突出。在地理试卷讲评课中采用"诊、评、归、练"模式,可以充分发挥试题功能,调动学生积极参与,强化学习效果。

深度学习之"深",不仅在程度的"深""浅",更在性质之"深""浅"。深度学习是在教师引领下,学生围绕着具有挑战性的学习主题,全身心积极参与、体验成功、获得发展的有意义的学习过程。深度学习强调学生立场,关注学生的学习是否真正发生。它内在地包含着学生积极主动的学习,是能够引发学生主动学习愿望与积极活动的教学。

一堂高效、优质的讲评课可以充分调动学生参与,促进师生共同反思、共同成长。深度学习认知过程是图式构建的全过程,包含觉知、调和、归纳和迁移四个阶段。本文基于深度学习理论,结合多年教学实践与思考,构建了地理讲评课"诊、评、归、练"四步教学模式。操作流程如下图:

---

① 撰稿人:李钢。

图式构建

觉知 → 调和 → 归纳 → 迁移
 ↓   ↑
 诊 → 评 → 归 → 练

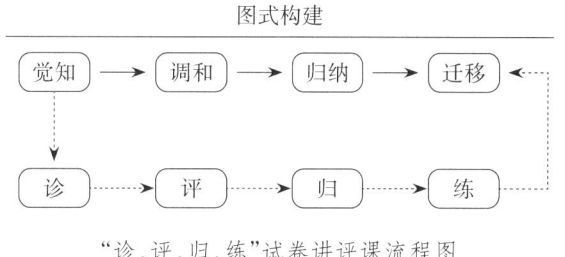

"诊、评、归、练"试卷讲评课流程图

1."诊",即试题分析、课前诊断(觉知)

俗话说,台上一分钟,台下十年功。在讲评课前,教师必须进行充分的备课,把握试题情况,明晰学生得分具体情况,以使讲评课有的放矢,具有针对性。

(1)试题分析

讲评课之前,重中之重的是,教师要提前将试卷仔细而全面地做一遍。而这只是第一步,后续教师需要分析整张试卷的题型组成、试题结构、难易程度、试题覆盖范围,考查了哪些学科能力和思维,从而去解析试题的命题意图,为之后的教学探明方向,做出调整。

(2)诊断学生得分、答题情况

学生学习是一个长期的过程,现今技术手段发达,教师可借助多种信息技术和软件平台对学生考试得分进行记录、分析、统计和跟踪。教师在批阅试卷的基础上,做好学生答题得分情况统计,得到每道题的最高分、最低分、总分、平均分,筛选出试卷的多错题、易错题,做到针对性讲评,解决学生在学习过程中的痛点、难点。试卷统计是一项烦琐而枯燥的工作,但这些数据为后续的试卷讲评提供了支撑。

(3)诊断学生思维,反思自身教学方法

一次考试中,当学生在某几道题集中性表现出共同错误时,需要教师高度重视。学生的多错题、易错题,一方面,反映出学生普遍存在的知识"漏洞"和思维"错误",需要我们教师去着重诊断学生考试时关于此题的思维过程,找出学生的"痛点"所在,针对性解决、突破。另一方面,学生的多错题、易错题也在提醒着我们,日常教学中关于某一特定知识点或基础原理的讲解,是否存在教学方法或教学设计上的不足与缺陷。教学的过程是教师与学生相互成长的过程,高效的讲评课不仅能解决学生学习过程中存在的问题,也能帮助教师不断改进、提高自身的教学能力和素养。

2."评",即自评互评、教师讲评(调和)

(1)学生层面——自评、互评相结合

深度学习理论强调学生的主体地位,注重学生深度参与到教学过程中去,让学生主动学习,充分调动学生思维,学会学习。高效优质的讲评课设计原则与深度学习理论的要求高度吻合。讲评课教学过程中,教师是课堂的组织者、引领者,学生是课堂的主体。现今高中的大型考试往往是统一网上阅卷,学生可利用阅卷平台(如智学网等)查看各题得分情况,结合参考答案,在教师进行试卷讲评之前,学生相互之间查问题,进行自评、互评。一方面,这是同学之间一种相互学习的过程,使批改和被批改的同学对存在的共性问题形成更深刻的认识,初步解决简单的错题。较复杂的、难以解决的错题,做好记号,上课时有针对性地听取,效果事半功倍。另一方面,在自评、互评试卷的过程中,学生从阅卷老师的角度,对整张试卷进行分析,梳理出本次答题的优点和不足,尝试提出解决方案。每位学生都能得到肯定和鼓励,激发其学习的兴趣和积极性。

(2)教师层面

课前,教师已针对试卷情况做足分析和诊断,梳理出学生的多错题,分析出学生本次考试存在的共性问题。一方面,本次讲评课上,教师的针对性更强、重点突破,做到多错题讲细、讲透。另一方面,教师要做到"少讲",引导学生"多讲"。让学生说出关于错题,他的想法、他的困惑和他的思考。

学生说出自己想法的过程，其实就是学生与老师思维碰撞的过程，调动学生去分析错题原因，去思考解题思路，深化学生的学习过程。

3."归"，即错题归因、方法提炼（归纳）

（1）错题归因

试题讲评时，教师除了讲解错题思路外，更重要的是引导学生自己分析做错的原因。班上每个学生错误的原因不尽相同，需要进行差异化、针对性的错题归因。只有找出做错的症结所在，才能摆脱"这题明明之前讲过，为啥学生还是出错"这种怪圈！

学生出错失分的原因，大致可分为六类：①基础知识、地理基本原理掌握不过关；②材料信息提取、图文资料分析能力欠缺；③常规解题方法、技巧不熟悉；④答题不规范；⑤书写潦草、卷面杂乱；⑥读题大意、答题马虎。学生在平时的考试做题过程中，应不断地建立自己的错题集，跟踪记录每次大型考试的错题情况，针对性地自我评价与反思，为下一阶段的学习做出调整。

（2）方法提炼

中学阶段学生会通过各种途径做很多地理试题，学生做题过程中，有时会发出"地理是一门玄学"等感叹。其实这是学生的一种普遍错误认知。高中阶段，学习地理如果采用纯粹的"题海"战术，将是吃力不讨好的。讲评课的重点在于培养学生解决典型例题的解题技巧、答题思路和思维能力。教师应引导学生对典型例题进行分析、归纳，对答题方法进行梳理、提炼，从浅及深，逐步拔高，达到举一反三，触类旁通。这一环节在实施过程中，教师不要直接把"答案"给学生，尽量引导学生自主分析、自我梳理、自我总结，让学生之间相互点评、补充、完善，强化学生深度学习成效。

4."练",即借题发挥、拓展训练(迁移)

学生做题往往存在一种现象:这题学生不会做,讲过后,下次遇到它的变式题,学生还是不会做。这种现象的背后,其实反映了学生并没有真正掌握这一类题的解题思路和方法,仅仅是囫囵吞枣、似懂非懂而已。每一道地理易错题,往往代表了一定的知识层面和一类解题方法。讲评课最大的忌讳就是"就题讲题",死板僵硬。教师在设计讲评课时,针对典型例题,要做到"借题发挥""一题多变""一题多练",引导学生探索典型例题的本质,思索解决问题的根本所在,力争拓宽思路,进行开放性思维训练,将地理问题迁移对比,总结归纳其核心内涵,让学生举一反三,融会贯通,从而"做一题,会一类",提升学习效率,达到最佳学习效果。

"诊、评、归、练"讲评课教学模式能实现师生课堂互动,充分发挥讲评课的指导、激励、示范功能,以学生为主体进行自评、互评和拓展训练,使学生全身心积极参与,促进师生共同成长。

课例

服务业区位因素及其变化

设计者：洪宇　徐文英

一、教学内容分析

本课是人教版普通高中教科书地理必修第二册第三章"产业区位因素"第三节的内容，是继农业、工业区位因素分析后，对另外一种产业活动——服务业区位因素的分析。知识结构和前面农业、工业区位因素相似。但其产业包括和生活密切相关的餐饮、零售，也包括比较新兴的产业如现代金融、文化创意等。

二、学习者情况分析

高一学生通过前面学习基本掌握了产业区位因素一般分析方法。学生对生活中的服务业比较感兴趣。研学调查的教学模式可行性强，能培养学生的地理实践能力，落实深度学习的教学理念。

三、教学目标设定

(1)了解南山崇文路沿线服务业的类型。

(2)理解影响南山崇文路服务业的区位因素。

(3)说明服务业区位因素的变化对服务业区位选择的影响。

(4)根据南山崇文路服务业现状为政府规划人员提出合理建议。

四、教学重难点

教学重点:服务业的区位因素及服务业区位因素的变化。

教学难点:通过生活实例,总结影响服务业的主要区位因素;运用动态发展的眼光看待服务业的区位因素变化,并能举出相应具体的案例进行说明。

五、教学方法

研学调查法、小组探究法、比较教学法。

六、教学活动

步骤	教学活动及层次	教学设计意图	评价活动设计
课本研读（明新知）	1.阅读课本内容。 2.画出知识框架思维导图。	觉知课本主要知识	1.了解服务业概念及分类,根据地图大致知道南山崇文路沿线服务业类型。 2.掌握服务业一般区位因素。

续表

步骤	教学活动及层次	教学设计意图	评价活动设计
资料收集（促思考）	1.教师提供资料。①考察路线。②南山崇文路沿线地图。③南山泉水鸡一条街发展历史。2.学生通过网络查找感兴趣的各个区域的背景资料。	培养学生区域认知能力。	学生根据前期调查大致确定研学调查主题和一些预期想要调查的问题，如商铺的数量、类型、规模、服务范围、客流量、租金等。
研学迁移（重应用）	1.利用无人机观察所在区域地表形态和建筑物布局。2.沿途观察、询问获得信息。	培养学生地理实践力。将课本知识运用于生活实践。	完善研学调查主题，小组深入调查分析寻找分布规律等问题，并通过咨询，分析探究原因。
汇报探究（助归纳）	1.分小组展示研学报告 2.各组互评。	培养学生的综合思维和人地协调观。	1.第一组分析加勒比海和泉水鸡一条街、重庆第二外国语学校附近新型酒店及新兴餐饮业、重庆邮电大学对面小吃店和中型餐饮店三个区域，分析不同类型服务业区位因素。2.第二组分析崇文路餐饮业集聚区位因素。从南山餐饮业客流量年内变化（图略）和餐饮行业分类（图略）及特点分析南山崇文路餐饮业特征和区位因素。
总结升华（创新知）	1.第一组将研学报告做细，分析从泉水鸡一条街到重庆邮电大学产业变化的原因。2.第二组添加问题及建议。	深入思考学习区位因素最终的意义不仅是为了解释地理现象，更是要将所学所看运用于城市规划。	以南山崇文路产业变化，探究区位因素变化对服务业的影响。

七、板书设计

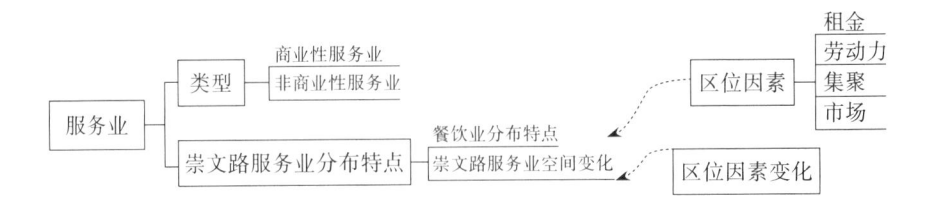

```
                    ┌─ 商业性服务业                                    ┌─ 租金
         ┌─ 类型 ──┤                                                  │  劳动力
         │         └─ 非商业性服务业                      ┌─ 区位因素 ─┤  集聚
服务业 ──┤                                                │            └─ 市场
         │                          ┌─ 餐饮业分布特点 ───┤
         └─ 崇文路服务业分布特点 ──┤                     │
                                    └─ 崇文路服务业空间变化 ── 区位因素变化
```

八、教学反思与改进

地理学是一门与生活密切相关的学科，运用研学调查的方式进行地理教学不但可以培养学生的地理学科核心素养，也能提供真实情境，落实深度学习的室外教学课堂。学生自己创设情境、提出问题、归纳总结、知识迁移的学习效果比传统的课堂教学效果要好，学生思维得到了更大的发散，培养学生运用知识解决问题的能力效果更好。

由于是首次尝试该方式，在教学过程中不确定的因素很多，下次在进行此类课程时任课教师要深入研究当地的乡土地理资料，给学生更多的前期资料，让学生能深入地挖掘研学内容，获得更多成长。

工业区位因素及其变化

设计者:罗静静

一、教学内容分析

1.基于课标

课标的要求是结合实例,所以教学时,教师应该给学生呈现真实的案例,创设真实情境。另外,课标要求学生学习达到的程度是说明工业的区位因素。因此,学生应掌握工业主要的区位因素,且能够分析、解释具体工业实例的区位因素。

2.基于教材

本课是人教版普通高中教科书地理必修第二册第三章"产业区位因素"第二节的内容。本课内容为产业区位因素的重要组成部分,是对农业区位因素及其变化一节内容学习方法的巩固,也是对服务业区位因素及其变化一节内容的方法铺垫。

二、学习者情况分析

本节课授课对象为高一下学期学生。在生活中,学生初步积累了一些关于工业区位的经验性知识。本节课之前学生学了农业区位因素,对区位也有了一定了解。但工业区位与农业区位不同,所以学生还需了解什么是工业区位。另外学生对工业区位因素缺乏理性、全面的认识,结合具体实例,分析区位条件的能力还较弱。

三、教学目标设定

(1)了解什么是工业区位。
(2)了解工业生产活动的概念和工业主要区位因素。
(3)结合实例,分析工业的主要区位因素。

四、教学重难点

教学重点:

(1)了解工业生产活动的概念和工业主要区位因素。

(2)结合实例,分析工业的主要区位因素。

教学难点:

结合实例,分析工业的主要区位因素。

五、教学活动

步骤	教师活动	学生活动	设计意图	评价活动设计
真实情境促思考	1.出示：两则情境素材（图略），并铺垫情境，提出情境问题。 2.教师总结：像以上案例一样，工厂的选址和决定生产什么产品，我们称之为工业区位，而影响工业区位选择的因素，称为工业区位因素。本节课学习的内容即工业区位因素及其变化。	阅读、观察老师所出示的情境，并思考完成老师所提出的情境问题。	以乡土素材激发学生兴趣，促进学生主动思考，唤醒学生的已有经验，拉近学生与学习内容的距离。	学生的问题回答情况。
角色扮演明新知	1.播放《一台汽车的生产过程》视频，并提出以下问题。 （1）生产一台汽车需要投入哪些要素？ （2）在生产汽车的过程中，还会有哪些产出呢？ 2.知道了工业生产活动的概念，让学生以"老板"的身份思考：建工厂需要综合考虑哪些因素才可以盈利？	1.看视频，思考老师提出的问题，得出工业生产活动的概念。 2.头脑风暴，由工业的一般生产过程思考建工厂需考虑哪些因素才能盈利，进而总结出工业的主要区位因素。	1.通过视频让学生了解实际工业生产过程，再通过转换身份，主动得出工业的主要区位因素。 2.让学生储备工业区位的基础知识，并熟悉工业区位的语言环境。	

续表

步骤	教师活动	学生活动	设计意图	评价活动设计
角色扮演明新知	过渡：如果把工厂建在原料和劳动力充足、劳动力质优价廉、交通便利、市场前景广阔的地方，是很理想的，但是实际上很少有这样所有条件都理想的场所。因此，在市场因素一定的情况下，为了获取最大的经济效益，决策者会综合考虑多种成本，把工厂建在总成本最低的地方。 3. 出示任务（图略），让学生储备工业区位的基础知识。 4. 出示不同企业类型（图略），让学生根据企业的特点，得出影响其工业区位的主导因素。	3. 自主阅读，储备工业区位的基础知识。 4. 参与活动，体验不同类型企业的主导区位因素。	3. 让学生身临其境地体验决策者如何进行工业区位选择。 4. 了解一般类型企业的主导区位因素。	根据学生角色扮演活动的参与和表达情况，判断学生是否内化所学新知。
适时归纳强巩固	带领学生梳理完成本节课的小结。	梳理完成本节课小结	让学生所学知识结构化。	学生知识总结情况。

续表

步骤	教师活动	学生活动	设计意图	评价活动设计
乡土素材迁新知	出示两则乡土素材（图略），让学生回答创设的情境问题。	阅读获取图文信息，讨论分析回答问题。	培养学生的信息获取能力。检测迁移运用分析工业区位因素的能力，为工业区位因素的变化做铺垫。	学生迁移运用能力。

六、板书设计

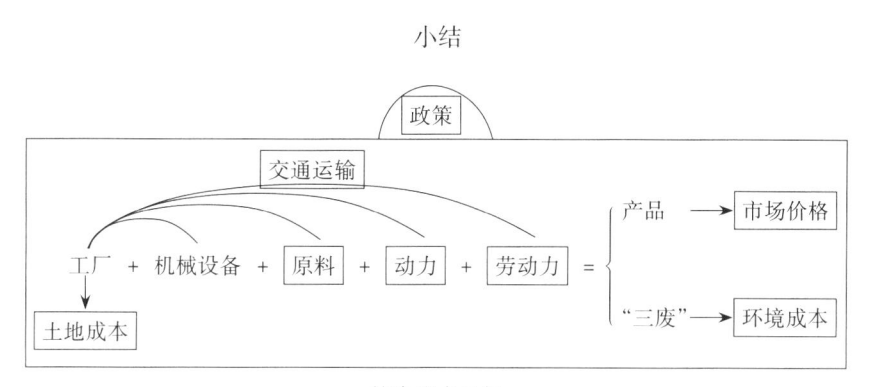

小结

政策

交通运输

工厂 + 机械设备 + 原料 + 动力 + 劳动力 = { 产品 → 市场价格 ; "三废" → 环境成本 }

↓
土地成本

综合成本最低

七、作业与拓展学习活动设计

（略）

八、教学资源与技术手段说明

教学资源：长安汽车股份有限公司发展历史素材、《一台汽车的生产过程》视频、教学PPT。

技术手段说明：根据本课教学目标和学情，本节课使用启发式教学法、情境教学法、探究式教学法等主要教学方法。

九、教学反思与改进

在今后教学中也应继续实践深度教学，多注重学生的反馈，灵活处理教学内容。着重强调知识的本质，让学生充分理解、掌握，并注重知识的迁移运用。

水循环和陆地水体及其相互关系

设计者:张平

一、教学内容分析

本课选取人教版普通高中教科书地理必修第一册和选择性必修1的内容,是高中自然地理重要的知识板块,主要内容为概括各种陆地水体的相互关系。本课既是自然地理气候的延伸,也为海洋水的复习打下一定的基础,起到承上启下的作用。

二、学习者情况分析

在复习该板块时,学生对水循环及陆地水体的相互关系有一定的基础,但概念的解读有所欠缺,各个知识点的内在联系也未完全掌握,需要教师引导学生复习,进行查漏补缺,建立完整的知识体系。

三、教学目标设定

(1)运用水循环示意图,描述水循环的过程,通过绘制示意图解释陆地各种水体之间的相互关系;运用河流年内各月径流量示意图,总结河流径流季节变化特征。

(2)结合实例,分析水循环对自然环境的影响和地理意义;结合区域特征判断河流补给类型。

(3)结合实例,说明人类活动对水循环的影响,培养人类活动与水循环的协调观。

四、教学重难点

教学重点:水循环的环节及意义、陆地水体的相互关系。

教学难点:人类活动对水循环环节的影响、陆地水体的相互关系。

五、评价设计

(1)学生能否准确说出水循环的类型、环节及地理意义。

(2)学生是否能够辨别人类活动对水循环各个环节的影响。

(3)学生能否借助高考情境试题,做到举一反三。

六、教学活动

步骤	教师活动	学生活动	活动设计意图	评价活动设计
自主速查促觉知	在学生预习的前提下,预设问题: 1.水循环将哪些圈层联系起来? 2.水循环的类型有哪些? 3.影响水循环的动力原因是什么? 4.水循环包括哪些环节?	学生自主速查问题。	检验学生预习效果。	学生是否能快速精准回答预设问题。
二阶诊断查难点	结合学生的问题,给出水循环的图。	画一画,画出下列不同类型水循环示意图。	引导学生动手,将知识进行内化。	学生是否能清晰准确绘制水循环示意图。
	引出诗句"黄河之水天上来,奔流到海不复回",展示动态水循环示意图,请学生判断。	同学们结合自身所画示意图进行判断。	提高学生判断能力	
	展示全球水循环动态图。	总结水循环的地理意义。	提高学生总结能力	学生是否能够看图总结水循环的地理意义。
创设情境破难点	水循环的某些具体环节对人类生活影响巨大,展示高考题。	情境探索。	完成试题。	
	结合高考题,思考影响蒸发的因素有哪些。	迁移归纳,探究影响蒸发的因素有哪些?	迁移归纳,得出影响蒸发的因素。	

续表

步骤	教师活动	学生活动	活动设计意图	评价活动设计
思维导图促归纳	除了自然因素,还有哪些典型的人为因素影响蒸发,进而影响水循环各个环节?	结合水循环示意图,探究有哪些典型人类活动会影响水循环。	培养学生探究能力	学生是否能从实际生活出发。
	展示典型的人类活动。	同桌之间,快速完成填空,进而归纳。	培养学生的归纳综合能力	
高考真题促迁移	展示专题练习。	情境迁移,完成联系。		学生是否将知识内化。
过渡:井水不犯河水这句谚语是否正确?请说出理由。				
自主速查促觉知	展示陆地水体联系图。展示图片。虽然陆地水体占比非常少,但是对自然环境和人类活动有着巨大的作用。	看图,说出陆地水体的类型。看图总结出陆地水体对自然环境的影响。	检验学生预习效果。	学生是否能快速精准回答预设问题。
二阶诊断查难点	河流呈线性,可以很好地联系各个水体。	说一说河流的补给方式。	引导学生看图。	
	展示不同地区的河流流量曲线图。	判断这些河流的主要补给方式。	说出补给方式。	
情境创设破难点	结合河流流量曲线图,总结不同补给方式的特点、季节、影响因素、分布地区。	总结归纳不同补给方式的特点、补给季节、影响因素、分布地区。	培养学生的归纳综合能力	学生是否将知识内化。

续表

步骤	教师活动	学生活动	活动设计意图	评价活动设计
情境创设破难点	展示真题,快速判断该流量曲线图的河流分布在哪个地区。	情境迁移。		
	河流与湖泊的关系,展示表格(表格略)。	区别位于河流源头的湖泊、位于河流中下游的湖泊、内流区河流注入的湖泊。	培养学生分析辨别的能力。	学生是否能画出河流与湖泊的补给关系。
	展示洪水期、枯水期河流与湖泊的关系图。	画一画,画出河流与湖泊的补给关系。	培养学生的动手实践能力。	
	总结河流与湖泊的补给关系。播放我国三峡水库洪水期、枯水期作用的视频。	总结湖泊对河流的调节作用:削峰补枯。		
思维导图促归纳	展示黄河下游地上河剖面图。	举例,并说明原因。	培养学生由表及里的思维能力。	学生是否能查漏补缺并提升自身能力。
	展示洪水期、枯水期河流与地下水的关系图。	画一画,画出河流与湖泊的补给关系。		
	总结河流与地下水的相互关系。	总结地下水对河流的调节作用:稳定补给。		
高考真题促迁移	展示河流与湖泊高考真题。	情境创设,学生内化河流与湖泊的相互关系。	促进学生融会贯通、举一反三。	
	展示河流与地下水高考真题。	情境创设,学生内化河流与地下水的相互关系。		

七、板书设计

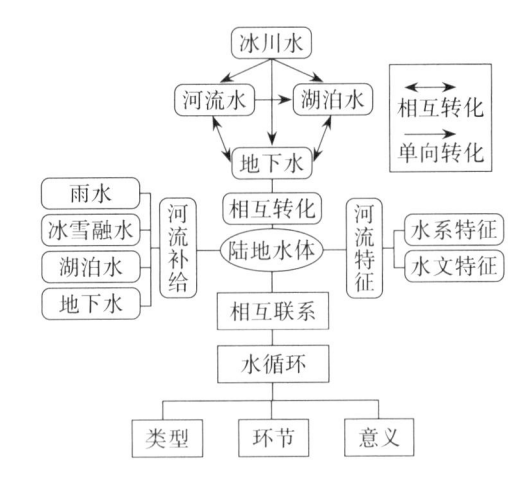

```
          冰川水
            │
    河流水 ─ 湖泊水      ←→ 相互转化
        ↘ ↙              → 单向转化
         地下水

  雨水
  冰雪融水   河流    相互转化    河流    水系特征
  湖泊水    补给     陆地水体    特征    水文特征
  地下水
              相互联系
               水循环
          ┌────┼────┐
         类型  环节  意义
```

八、作业与拓展学习活动设计

1. 完善思维导图。

2. 总结我国不同气候地区的补给特点。

九、教学资源与技术手段说明

1. 主要采用PPT。

2. 高清水循环动态示意图。

十、教学反思与改进

高考情境的选取深度有所欠缺，后期需增加情境的铺垫，引导学生由小见大深入思考。

高二4月考试讲评

设计者:李钢

一、课标及试题范围

本次试卷考查范围为中国地理、世界地理概论和世界地理亚洲部分。本次试卷考查学生地理基本知识及原理的掌握情况,要求学生能结合图表等资料,关注热点问题,解决真实情境问题,注重区域认知、综合思维、地理实践力等核心素养的落实。

二、试题及学情分析

本次讲评课针对的是高二4月地理考试试卷。本次试卷的考试范围为中国地理、世界地理概论和世界地理亚洲部分。试题总分100分,考试时间90分钟,试题题型分为两大类,其一为选择题25道,计50分,其二为综合题4道,计50分。试题考查重点为地理基础知识点、基本地理原理以及真实情境下的地理问题分析与解决,试卷注重评价学生区域认知和综合思维能力,侧面引导学生树立正确的人地协调观。

结合全年级地理试卷得分情况,利用智学网平台,分析得出本次试卷的难度系数为0.59,区分度为0.31,信度为0.79,符合学校命题考试要求。

以高二选考2、6班为例,学生得分答题的部分分析如下:

选考2、6班　　学生得分情况

班级	实考人数	平均分	优秀率/%	良好率/%	合格率/%	低分率/%
全部班级	413	59.2	2.7	23.2	50.8	49.2
选考2班	46	65.8	2.3	51.1	72.0	28.0
选考6班	46	65.2	2.2	34.8	73.9	26.1

选考2、6班　　选择题得分情况

题号	1	2	3	4	5	6	7	8	9	10
正确率	69.5%	76.1%	84.7%	93.5%	65.2%	39.1%	80.4%	32.6%	80.4%	100%
题号	11	12	13	14	15	16	17	18	19	20
正确率	82.6%	71.4%	26.1%	78.3%	58.7%	93.5%	71.7%	78.3%	39.1%	76.1%
题号	21	22	23	24	25					
正确率	28.3%	67.4%	52.2%	93.5%	71.7%					

从表格数据不难看出,第6、8、13、19、21题是学生多错、易错的题目。教师需要着重分析这些题的失分原因,从而为后续的针对性讲评提供方向。

三、教学目标设定

(1)通过学生自评、互评、分析试卷,梳理出本次答题的得与失,尝试提出解决方案。

(2)教师针对性讲评疑难点,学生补足知识和方法层面的欠缺,得到提升。

(3)通过课堂例题训练,拓宽思路,将地理问题迁移对比,融会贯通。

(4)梳理、归纳错题、例题,掌握正确答题方法,锻炼地理综合能力。

四、教学重难点

（1）分析自身存在的问题，找到错题、错因，填补知识及方法层面的欠缺。

（2）完成错题、例题梳理，掌握答题方法，提升地理能力。

五、评价设计

（1）分析、梳理错题，进行例题训练。
（2）试卷分析、总结，完成能力提升。

六、教学活动

环节任务	教师活动	学生活动	设计意图
"诊"试题分析课前诊断	1. 本次试卷的难度系数为0.59，区分度0.31，信度0.79，符合学校命题考试要求。 2. 学生得分情况分析。（表略）	1. 结合参考答案，订正试卷。 2. 分析试卷的得分、失分情况。 3. 梳理试卷的疑难点，做好标记，做好听课准备。	1. 分析试题的题型组成、结构、难易程度、覆盖范围、命题意图等。 2. 诊断学生得分、答题情况，筛选出试卷的多错题、易错题，为后续讲评做准备。

续表

环节任务	教师活动	学生活动	设计意图
"评"自评、互评、教师讲评	1.给出时间8~10分钟,引导学生自评、互评。2.教师针对性讲评:梳理出学生的多错题,分析出学生本次试卷存在的共性问题。本次讲评课上,教师的针对性要强,重点突破,做到多错题讲细、讲透。教师要做到"少讲",引导学生"多讲"。让学生说出关于错题的想法、困惑和思考。	1.利用阅卷平台(如智学网等)查看各题得分情况,结合参考答案,在教师进行试卷讲评之前,学生相互之间查问题,进行自评、互评。2.学生从阅卷老师的角度,对整张试卷进行分析,梳理出本次答题的优点和不足,尝试提出解决方案。	1.学生自评、互评和教师讲评相结合,发挥学生的主体作用。2.引发学生与老师思维碰撞,深化学生的学习过程。
典型错题示例	下图(图略)示意长江部分河段水系,上荆江自松滋、太平、藕池三口分流进入洞庭湖,三口分流对干流的输沙量影响较大。20世纪60年代,下荆江实施了人工裁弯工程,洞庭湖泥沙淤积减少。裁弯后,监利站同流量水位下降,而城陵矶站同流量水位上升。据此完成下面各题。 4.三口分流进入洞庭湖水量最大的时段是( )。 A.4~5月　　　　B.6~9月 C.10~11月　　　D.12月~次年3月 5.下荆江裁弯后,上荆江( )。 A.流速加快,河床变深　B.流量减少,水位下降 C.流速减缓,河床变浅　D.流量增多,水位上升 6.推测下荆江裁弯后洞庭湖泥沙淤积减少的主要原因是( )。 A.上荆江含沙量下降　B.三口分流水量减少 C.洞庭湖排出泥沙增多　D.湖区植被覆盖率提高 1.分析得分、失分情况;2.分析错题原因;3.解决方法;4.变式训练;5.拔高提升。		1.利用典型错题,解决学生存在的共性问题。2.引导学生找出自己的薄弱之处,针对性地解决问题。3.进行变式训练,拔高提升。

续表

环节任务	教师活动	学生活动	设计意图
"归"错题归因方法提炼	错题归因 引导学生自己分析错题的原因,以2024级高二4月考试卷地理选考6班第13题的错题情况为例,分析如下: 下图(图略)为我国沿某经线局部地区地形剖面图(实线表示),1月平均气温、年降水量、积温分别用不同数码代号的曲线表示。 13.玉皇山最可能位于(C)。 A.太行山区(13人错选) B.巫山山脉(8人错选) C.秦岭山脉 D.南岭(7人错选)	分析多错原因: 1.部分学生的材料信息获取、分析能力有待提高,不能从图中信息分辨①②③曲线分别代表"年降水量""积温""1月平均气温",从而对此题无从下手。 2.部分学生的基础知识、能力(中国主要山脉的分布、中国降水分布特征、气温分布特征、图表阅读等)欠缺,不能灵活应用。	此题整体难度较大,主要考查学生的读图能力,获取材料信息能力,结合地理基本原理进行真实情境问题解决的能力。
"练"借题发挥拓展训练	1.设计讲评课时,针对典型例题,要做到"借题发挥""一题多变""一题多练"。 2.以第13题为例,进行变式题训练: 在山谷或盆地中,山坡上的冷空气向谷底注泻,并在谷底沉积,辐射冷却,形成所谓"冷湖"。而在坡地上,气温相对较高,形成所谓"暖带"。下图是我国某山地1月份不同坡向极端最低气温和平均最低气温随高度变化示意图(图略)。	1.学生3分钟尝试分析、解答。 2.小组讨论,小结答题思路及方法。	

续表

环节任务	教师活动	学生活动	设计意图
"练"借题发挥拓展训练	1.该山可能是（　　）。 A.长白山　　B.太行山 C.秦岭　　　D.武夷山 2.属于该山地西北坡向1月份平均最低气温的曲线是（　　）。 A.①　B.②　C.③　D.④	第1题解析： 因为1月极端最低气温<1月平均最低气温<1月平均气温，长白山、太行山位于北方，山麓1月平均最低气温<0 ℃，A、B错误；秦岭南坡山麓1月平均气温约等于0 ℃，1月平均最低气温<0 ℃，C错；故选D。 第2题解析： 因为1月极端最低气温<1月平均最低气温<1月平均气温，①②为1月极端最低气温，③④为1月平均最低气温。同时西北坡是冬季风的迎风坡，所以该山地西北坡向1月份平均最低气温的曲线是③。故选C。	"一题多练"目的在于引导学生探索典型例题的本质，思索解决问题的根本所在，力争拓宽思路，进行开放性思维训练，将地理问题迁移对比，总结归纳其核心内涵，让学生举一反三，融会贯通，从而"做一题，会一类"，提升学习效率，达到最佳学习效果。
归纳小结	引导学生梳理试卷错题，分析试卷的得失，对知识体系进行查漏补缺，完成试卷反思、总结。	梳理试卷错题、分析试卷得失、反思总结。	查漏补缺，总结提升。

七、作业与拓展学习活动设计

（1）梳理试卷错题，分析试卷得失，对试卷进行总结。

（2）针对性完成错题的变式训练，提升地理综合能力。

八、教学资源与技术手段说明

（1）利用智学网平台提供的学生考试数据，分析学生答题得分、失分情况，进行针对性讲评。

（2）通过学生自评、互评，结合教师针对性讲评，多层次多角度解决学生痛点。

（3）结合智学网、Office软件等，借助图表等，生成学生专用错题集。

九、教学反思与改进

试卷的得分情况往往反映出学生考试时关于此题的思维过程，教师应找出学生的思维"痛点"，针对性解决、突破。同时，学生的多错题、易错题也在提醒着我们，日常教学中关于某一特定知识点或基础原理的讲解，是否在教学方法或教学设计上存在不足与缺陷。教学的过程是教师与学生相互成长的过程，高效的讲评课不仅能解决学生学习过程中存在的问题，也能帮助教师不断改进、提高自身的教学能力和素养。

高一(下)半期测试讲评

设计者:冉景杰

一、教学内容分析

本次测试试题基于人教版普通高中教科书地理必修第二册及相应的课程标准。

二、学习者情况分析

该班为历史类第二层次班级,学生有一定学习能力。这次考试是分科后的第一次较为正式、题型向期末和高考靠近的大型考试,尤其是大题,由于教学推进较快,平时相关练习较少,所以对学生来说难度较大。

三、教学目标设定

(1)通过自评、教师讲评,学生能较为准确地剖析自己考试的得失。
(2)通过教师讲评、课堂训练,学生对于地理读图有基本的方法和认识。

(3)通过课堂训练,学生读题能力,回归教材和材料的能力得到加强。

四、教学重难点

(1)抓准学生的问题,主要的错题、错因、纠正方法。
(2)分科后,如何快速适应地理考试,选择题、大题的常规做题方法落实。

五、评价设计

采用典型错题情况分析,进行当堂训练,课后反思总结的方式。

六、教学活动

步骤 (时间)	教学活动及层次	活动设计意图	评价活动设计
诊 (5分钟)	诊·试卷 展示试卷分析结果。(图略)	1.教师将试卷仔细而全面地做一遍。这只是第一步,后续教师需要分析整张试卷的题型组成、试题结构、难易程度、覆盖范围,考查了哪些学科能力和思维,从而去解析试题的命题意图,为之后的教学探明方向,做出调整。	

续表

步骤（时间）	教学活动及层次	活动设计意图	评价活动设计
诊（5分钟）	诊·得分 展示学生得分情况。（图略） 诊·思维 展示学生的分析思考。（图略） 错误原因总结： 1.读图问题（地理语言）。 2.材料运用问题（答案就在材料中，物尽其用）。 3.联系知识点问题（遗忘、知识点不熟、概念不清、不知道考什么）。 4.不自信，改错（原则上，非确定不改，相信第一感觉）。	2.诊断学生得分、答题情况。 教师在批阅试卷的基础上，做好学生答题得分情况统计，得到每道题的最高分、最低分、总分、平均分，筛选出试卷的多错题、易错题，做到针对性讲评，解决学生在学习过程中的痛点、难点。 3.教师通过学生自我得失诊断，统计学生考试学习思维的普遍错误点，为讲评找到重难点，并为课堂训练寻找更有针对性的练习题，达到事半功倍的效果。	1.学生自主分析。 2.学生自主改正方法展示。 3.确定学习目标和下次考试目标。
评（20分钟）	评·师生 随着乡村振兴战略的有效实施，我国乡村聚落空间分布发生了明显变化。下图（图略）为江南丘陵某区域四种乡村聚落空间演化模式示意图。据此完成7~8题。 7.反映乡村聚落空间演化过程从受自然要素影响转向受经济社会要素影响的模式是（　　）。 A.甲　　B.乙　　C.丙　　D.丁	1.了解学生出错的原因，并提出解决的方法。 2.培养学生的解题技巧和解题方法，形成程序化的模式。	

续表

步骤（时间）	教学活动及层次	活动设计意图	评价活动设计
评（20分钟）	8.在"乡村振兴战略"背景下,我国乡村的规划应(　　)。 A.孕育新文化摒弃传统文化 B.缩减农业生产区用地规模 C.提高生态用地集约化程度 D.促进城乡发展一体化 存在问题:关键词抓取理解困难,联系所学和教材内容困难。 解决方法: 强调关键信息词语的提取(乡村聚落、自然因素、转向、社会经济因素)。 聚落：乡村→自然因素(地气水土生)为主(农业社会) ↓城市化的过程 　社会生产力发展的过程 城镇→社会经济因素(市政劳科教)为主(工业社会)	3.培养学生的理论联系实际能力。 4.巩固所学的知识。	让做对的学生进行做题过程分析,达到生生互评,发现问题,提出参考解题过程,引发学生思考。
	服装产业是广州的传统优势产业,产品远销欧美、东南亚等地。近年来,很多服装企业的生产方式由原来标准化、规模化的生产方式向差异化、灵活化转变,产品也更追求快速流动。下图(图略)为2018年广州服装企业数量空间分布图。据此完成16~18题。 16.由图可判断,2018年广州服装企业数量空间分布呈现(　　)。 A.单中心发展　B.双中心发展 C.多核心发展　D.大集聚发展 存在问题:图文转换问题,概念理解困难。	此题主要是引导同学看图,培养图文转换、概念理解的能力。	总结坐标图的一般看图过程及注意事项。

续表

步骤（时间）	教学活动及层次	活动设计意图	评价活动设计
评（20分钟）	解决方法： 工业化率是指工业增加值占全部生产总值的比重，城市化率是指地域内城市人口占总人口的比重。下左图为甲国工业化率、城市化率变化过程图，下右图为乙国三大产业构成图（图中M点所示）。读图（图略），完成19~20题。 19. 关于目前甲、乙两国工业化和城市化的特点，正确的是（　　）。 A. 工业化是两国城市化的主要动力 B. 甲国的城市化水平低于乙国 C. 乙国城市化速度较甲国快 D. 乙国第三产业比重高于甲国 20. 促进甲、乙两国社会经济持续发展的有效措施是（　　）。 A. 甲国应降低城市化速度 B. 乙国应发展高科技工业 C. 甲国应重点发展第一产业 D. 乙国应控制工业的发展 存在问题：图文转换问题，联系教材困难。 解决方法：三角坐标图的认识。 城市化过程：	此题整体难度较大，主要考查同学们的读图能力、图文转换能力、联系实际能力、知识运用能力。	抽同学讲评，读图。

续表

步骤（时间）	教学活动及层次	活动设计意图	评价活动设计
归（2分钟）	归·方法 1.审题（注意题组各小题关联性、关键词、提示语）。 2.联系知识点（大概与所学哪部分有关，大概考什么）。 3.联系材料，运用材料（答案就在材料中，物尽其用）。 4.方法（直选、排除、代入、辅助线、逻辑推理、逆向思维、优选等）。 5.让我再看你一眼（检查），再次感受出题者出题思想。	总结归纳。	笔记。
练（3分钟）	练·技能 下图为人口数量与资源环境承载力的关系图，读图完成下面小题。 1.图中ABCD四点中对应人口合理容量最大的是（　　）。 A.A处　B.B处　C.C处　D.D处 2.B点之后曲线发生了明显的改变，最可能是因为（　　）。 A.人口减少　　B.科技进步 C.劳动力增加　　D.政策改变 3.甲处可能出现的是（　　）。 A.生活质量提高 B.人口老龄化严重 C.生态环境恶化 D.环境质量提高	针对学生读图能力欠缺、联系教材能力较弱，运用理解困难、选择做题方法不够规范等问题，特设定这道人口题，让学生做到及时运用本节课所学。	学生自主解答，根据方法思考解题过程，给出答案。

续表

步骤（时间）	教学活动及层次	活动设计意图	评价活动设计
评 (6分钟)	课后大题练习（略）。 总结主观题失分的主要原因： 1. 审题不清楚，不知道从哪里答或答非所问。 2. 语言不精练，重复啰唆。 3. 语言口语化，不会运用专业术语。 4. 知识点不全，要么少，要么重复。 相应策略总结为四字：清、简、优、全。	总结评价。	总结大题注意事项及一般过程。
归 (2分钟)	归·方法 1. 审题——咬文嚼字（时间、地点、地理事物、限定性词语、分值）。 2. 书面化问题通俗化、生活化。 3. 联系所学（模板、方法、中心词联想剖析法），打破所学无用论——考点意识。 4. 联系材料——材料定位，移形换位。 5. 详略得当（通俗化思维、书面化表达）。 6. 让我再看你一眼（好的题，绝无废话、废材料）。 7. 物尽其用。	总结归纳。	笔记。

续表

步骤（时间）	教学活动及层次	活动设计意图	评价活动设计
练（课后）	练·技能 图甲(图略)中的甲地位于我国内蒙古自治区的黄河沿岸地区。近年来，这里推广的稻鱼共生综合种养模式，使水稻、鱼、鸭、螃蟹、田螺、泥鳅等和谐共生，形成了一田多用的农田新景观。针对市场变化，甲地面向全国推出了原产地、原生态、无添加的绿色高端优质大米"私人订制"。图乙(图略)为该区域"私人订制"的生产、销售模式示意图。 (1)分析甲地稻米品质高的有利自然条件。 (2)归纳稻鱼共生综合种养模式在生态环境方面的作用。 (3)从生产、销售的角度任选其一，说明实施农产品"私人订制"给当地带来的经济效益。	课后练习。	课后练习。
归（2分钟）	归·总结 本节课我们分析了这次考试大家的答题情况，使同学们明白了自己在学习和考试中存在的问题，并明确了今后应该如何学习和考试，希望大家在以后的地理考试中尤其是高考中能取得优异的成绩！	明确得失，提要求，强信心。	课后训练。

七、作业与拓展学习活动设计

课后练习,进行针对本次考试错题的巩固训练。

八、教学资源与技术手段说明

1.本节课运用现代信息技术将图像、表格及文字等教学资源进行处理,并采用PPT制成课件恰当地呈现,创设良好的问题情境,调动学生的学习积极性。

2.提前对学生的考试情况、错因进行问卷调查,总结共性。

3.充分利用智学网提供的数据资源,对学情进行全面细致的分析,做到针对性教学。

九、教学反思与改进

本节课总体设计针对性较强,教学较为紧凑。但是,内容较多,实际教学与设计差异较大,特别是时间安排,课堂新生成的问题较多,需要提前做好预设。